ちくま新書

平和憲法の深層

古関彰一
Koseki Shoichi

1122

平和憲法の深層【目次】

《原則として、旧漢字を新字に、カタカナをひらがなに変換した。また、引用文で断りない傍点は著者古関による》

はじめに

日本国憲法は、そろそろ七〇年目を迎える。明治維新から数えて日本が第二次大戦に突入したのは七三年目のことであるから、それはほぼ同一の期間を過ごしていると見ることができよう。明治初期には、自由民権期の「小国主義」が生まれたが、その後、明治憲法がつくられて「大国主義」の道を歩き始めて、第二次大戦へと突入してしまった。

敗戦にまみれて「小国主義」をとらざるを得ないことになったが、ほどなくしてまず経済面で、そして徐々に政治も軍事も大国主義の道を歩き始め、いまや名実ともに世界の「大国」の大道を歩き始めている。

しかし、戦後に誕生した日本国憲法そのものには、まったく変化がない。小国主義そのものである。とはいえ、その「平和憲法」の内実は、当然のこととして大きく変わってしまっている。

*　*　*

著者が憲法制定過程に関心を持ち、最初の著作『新憲法の誕生』（中公叢書、一九八九年）のち中公文庫、一九九五年）を執筆したのは、昭和天皇の容体の悪化が伝えられた昭和の終わりから、「平成」を迎えた頃であった。

当時は制定過程を追った著作は多くなかったこともあり、拙書は憲法がつくられた全体像を描くことに主眼を置いたのであった。なかでも当時の憲法制定過程の研究状況は、日本政府対GHQという二極対立を基軸にした分析方法であったが、それに疑問を感じ、日本側にも民間憲法があり、GHQは米国務省と対立関係にありという、多極的視点での分析方法で制定過程の全体像を描きたいと考えたのであった。

そうはいっても、天皇制の成立過程については、かなり具体的に解明されていたが、「平和主義」や「九条」については――研究者にとっても――ほとんど実態の解明が進んでおらず、また関心の外にあったように思える。

ところが、平成を迎えるなかで、昭和天皇に関する記録や東京裁判の研究が進む。「戦争の放棄」を定めた九条は、昭和天皇の戦争責任を免罪するためであり、それはマッカーサーの意図でつくられたことが解明できた。同時に日本国憲法に「戦争の放棄」を謳う九条があることで、沖縄に基地をつくることになったことが明らかになった。

戦後五〇年の一九九五年には、これまで秘密指定されていた『帝国憲法改正案委員小委員会速記録』がやっと公開され、上記の拙書も書き換えを迫られたため、機会を得て『日本国憲法の誕生』（岩波現代文庫、二〇〇九年）を上梓することができた。

こうして、日本国憲法の「戦争の放棄」は解明が進んだが、「平和」という言葉がどのようにして挿入されたかについては、ほとんど知られていないし、驚くほど議論もなされてきていない。言い尽くされてきたのは、「マッカーサーがつくった」とか、「ＧＨＱがつくった」といった主張に過ぎない。

しかし、憲法九条の成立過程を調べた限りは、マッカーサーもＧＨＱ案も「平和」という言葉にはまったくかかわっていない。では、いつ、どこで、誰によって、憲法九条に「平和」という言葉が挿入されたのであろうか。

＊　＊　＊

すでに湾岸戦争が始まる二〇〇〇年ころから、国会では憲法改正問題が衆参両院で憲法調査会を設置して始まっていた。こうした政治の流れのなかで自由民主党が二〇〇五年に「新憲法草案」を、つづいて二〇一二年には「日本国憲法改正草案」を公表した。

特に後者の草案の内容には、著者に少なからぬ驚きを与えた。その頃の著者は、憲法制定過程の研究とはかなり離れた別の作品をつくっていたのであるが、この草案は、実にありがたいことに著者に多くの触媒効果を与え、長い研究生活のなかで著者が気付かなかった、あるいは従来の文献で論じられてこなかった視点を与えてくれたのである。

本書は、多くの文献に依っているが、それは従来秘密扱いされてきたとか、GHQの、あるいはその関係者の資料であるといった文献は――いくつかはあるが――多くはなく、著者がかの改憲草案からの触媒効果によって触発された「どこにでもある文献」を掘り起こし、読み返すなかから生まれた書物である。「なぜ、こんなことにいままで気付かなかったのか」と首をかしげ、膝を叩きながら書き上げた「反省の書物」でもある。

日本国憲法、なかでも「平和条項」はいかにして誕生したのか、ながく関心の的になってきたが、いまやこうして「戦後七〇年」の時点から顧みると、従来の拙書も含めて、かなり「的外れ」の憲法制定史を形成してきたと言わざるを得ない。われわれにとって、憲法の「平和」とは、いかなる意味を背負って登場してきたのか、あらためて宿年の思いを解明したいと願い、本書を世に送ることにした。

*　　*　　*

本書は、憲法制定過程を扱っているが、時系列にしたがって叙述した内容ではないため、章別の概要を制定過程との関連で解説しておきたい。

日本国憲法は明治憲法とまったく異なる憲法だと言われるが、明治憲法、GHQ案、日本国憲法の各章別（章の編成）をあらためて見るとほとんど変わりはない。第一章ではその意味を考えつつ、内容上の違い、また、合衆国憲法との根源的な違い、さらには「日本国民」「国籍」「戸籍」「皇統譜」といった普段は縁遠いが基本的な概念を再検討する。

第二章は、憲法九条の「戦争の放棄」は誰の発案かという長年の疑問を整理してみた。日本政府案（松本案）は、一九四六年二月一日に毎日新聞に「スクープ」されたとされ、これがきっかけでGHQは自ら憲法案を起草して日本政府に手交したと言われる。けれど、今日では「リーク」ではないかという有力な証拠が出てきたことや、GHQが憲法制定を急ぎ日本政府に強要したのはなんのためであったのかを整理し直した。本書では、東京裁判で昭和天皇の戦争犯罪の免罪のためであり、そのために急いで憲法に「戦争の放棄」を定め、連合国の了解を得る必要があったことを、第二章第一、二節で詳説した。

また、マッカーサーの憲法原則（一九四六年二月三日）もGHQの憲法案（二月一三日）も、九条は専ら「戦争の放棄」条項であり、「平和」という言葉はなかった。九条に「平和」が加えられたのは、衆議院の議会で社会党議員が中心となって追加修正したためであり、それが議事録を精査してはっきりした（第三節）。

マッカーサーは「戦争の放棄」を憲法案で定めたが、日本本土の安全を確保するため沖縄を本土から分離し米軍基地を置き、本土防衛を可能にしたこと（第四節）。また議会審議で九条の政府案を修正して、自衛戦力が憲法で認められるようにした（芦田修正）と言われるが、修正理由はまったく立証できないことも、第二章第五節で論じている。

第三章は、「平和国家」という、現在では当然のごとく使われている言葉はいつできたのか、それと憲法とはどんな関係にあるのかを検証する。憲法学者・宮沢俊義はじめ東大法学部の教授たちは、一九四六年二月中旬以降、GHQの憲法案の内容を知ると急速に関心を示し、それに見合った憲法案を起草した。その知られざるGHQ案と東大案との関係、日本国憲法へ与えた影響について論究するが、それは本書が初めてである。

第四章は、憲法研究会案を扱う。GHQ案に大きな影響を与えたが、小さな集団が起草した案にすぎなかった、敗戦直後の――政府やGHQの憲法案がいまだ出ていない――一九四五年一二月に起草した憲法案の内容や意義を解明する。従来、書物の中で言及されてこなかった憲法研究会案は「なぜ陰に追いやられてきたのか」、その理由を初めて論じた。

最後の第五章は、「平和憲法」、「平和国家」についてどう考えるべきか、長年保守派が主張し続けてきた「押し付け」の実態はどうであったのかを議事録等で再現し、今後への展望を示した。

いずれにしても、従来まったく論じられてこなかった論点が多い。いままでの書物の「常識」が本書では「非常識」となっているため、驚かれる読者も多いと思われるが、できる限り事実の正確さに努めたつもりである。読者諸氏にとって、日本国憲法の誕生や戦後の成り立ちを考える契機になれば、著者として幸甚である。

日本国憲法制定略年表

1945年 8月15日 昭和天皇、戦争終結の詔書を放送
17日 東久邇宮稔彦内閣成立
9月27日 天皇、マッカーサーを訪問
10月2日 連合国最高司令官総司令部（GHQ／SCAP）を設置
9日 幣原喜重郎内閣成立（吉田茂外相、松本国務大臣など）
11日 天皇、近衛を内大臣府御用掛に任命
25日 政府、憲法問題調査委員会（委員長に松本烝治国務大臣）を設置
29日 日本文化人連盟設立総会の席上で高野岩三郎、鈴木安蔵に憲法改正に向け草案起草を促す
11月5日 憲法研究会、東京都麴町区（現在の港区）内幸町の「新生社」（出版社）で初会合
12月6日 GHQ、近衛を戦争犯罪人に指名、16日、近衛、服毒自殺
16日 モスクワ外相会議で極東諮問委員会（FEAC）を改組し、極東委員会（FEC）を設置することに合意
17日 女性参政権などを定めた衆議院議員選挙法の改正法公布。22日、労働組合法公布
26日 **憲法研究会、「憲法草案要綱」を政府とGHQに提出。28日、新聞各紙で報道**
27日 連合国、極東委員会（FEC）をワシントンD.C.に設置と発表
31日 松本国務大臣、鎌倉の別荘で「憲法改正私案」の起草を始める。翌月4日、脱稿
1946年 1月1日 **天皇、神格否定（人間宣言）の詔書**
7日 米国政府、「日本の統治体制の改革」（SWNCC228文書）を決定。1月11日、GHQに情報として送付
9日 極東委員会（FEC）訪日団来日。11日、マッカーサーと会見。17日、GHQ高官と会合。2月1日、離日
11日 GHQ、ラウエル中佐、憲法研究会案に対する「所見」をホイットニー民政局長に提出
19日 マッカーサー、極東国際軍事裁判所憲章を承認、裁判所の設置を命令
24日 **幣原＝マッカーサー会談**。幣原、マッカーサーにペニシリンの礼を述べ、戦争放棄を提案
25日 マッカーサー、米統合参謀本部に「天皇に戦争責任の証拠なし」と返書を送る
2月1日 **毎日新聞、憲法改正につき「憲法問題調査委員会試案」を報道**
3日 マッカーサー、GHQで憲法改正作業をするための「三原則」をホイットニー民政局長に示す
4日 ホイットニー民政局長、民政局の憲法起草委員会に「三原則」を示し、「今後、憲法制定会議の役を務める」と指示
8日 松本国務相、GHQに「憲法改正草案要綱」を提出
10日 GHQ民政局、憲法草案を完成し、マッカーサーに提出
13日 **ホイットニー民政局長、ケーディス次長らを同行し、吉田外相、松本国務大臣らに、GHQ案を手交**

19日 松本委員長ら閣議で、GHQ案が手交されたことを初めて表明。GHQ案の受け入れにつき結論が出ず、白洲次郎がGHQを訪問し、22日まで回答を延期するよう要請

21日 幣原＝マッカーサー会談。マッカーサー、戦争放棄を受け入れるよう提案

22日 閣議、GHQ案の受け入れを決定

26日 GHQ案の外務省仮訳、初めて閣議で配布される。極東委員会（於：ワシントン）第一回総会開催

27日 松本国務大臣、佐藤達夫法制局第一部長などが、GHQ案を参考に新たな政府案（日本案）の起草にあたる。3月2日、日本案（いわゆる1946年3月2日政府案）完成

3月4日 **松本国務大臣・佐藤達夫法制局第一部長、日本案を携えて朝10時にGHQ本部に出頭、ケーディス民政局次長らと日本案につき逐条審議。審議は翌5日午後4時まで30時間に及ぶ**

極東軍事裁判所、各国検事・副検事からなる執行委員会の初会議が開催される

5日 夕方の閣議で日本案を「憲法改正草案要綱」として決定。勅語を出すことにし、夜天皇に拝謁する

6日 憲法改正草案要綱に天皇の勅語、幣原首相の謹話、マッカーサーの声明を付して発表。翌7日、新聞等に発表される

18日 宮内省御用掛寺崎英成、天皇から戦争とのかかわりなどの聞き取りを始める（いわゆる「独白録」）。以後4月9日まで4日間、5回行う

4月10日 **衆議院総選挙投票日**。女性参政権が付与され、戦後初の選挙となる。選挙結果は、自由党141議席、進歩党94議席、社会党93議席など

17日 政府、帝国憲法改正案全文を発表

5月3日 極東国際軍事裁判所を開廷

22日 **第一次吉田茂内閣成立**（外相・首相兼務、司法・木村篤太郎、憲法担当・金森徳次郎）

6月21日 マッカーサー、声明で憲法審議には「十分な時間が与えられる」と述べる

28日 憲法草案、衆議院本会議から特別委員会（芦田均委員長）に付託

7月25日 **特別委員会のもとに「小委員会」（芦田委員長）が、共同修正案作成のため、懇談形式で秘密会として組織される**

8月24日 衆議院、帝国憲法改正案を修正可決

26日 貴族院、帝国憲法改正案を上程、30日、特別委員会（安倍能成委員長）に付託、9月28日、小委員会開催、10月6日、可決成立

10月7日 **日本国憲法、帝国議会を通過**

11月3日 **日本国憲法公布**

1947年 1月3日 マッカーサー、吉田首相に書簡を送り、憲法施行1年度から2年度の間に憲法の自由な改正を認める、と述べる。吉田首相、6日付でマッカーサーに「内容を心に留めた」と返書を送る

3月31日 第92回帝国会議解散、帝国議会が終幕

5月3日 **日本国憲法施行**

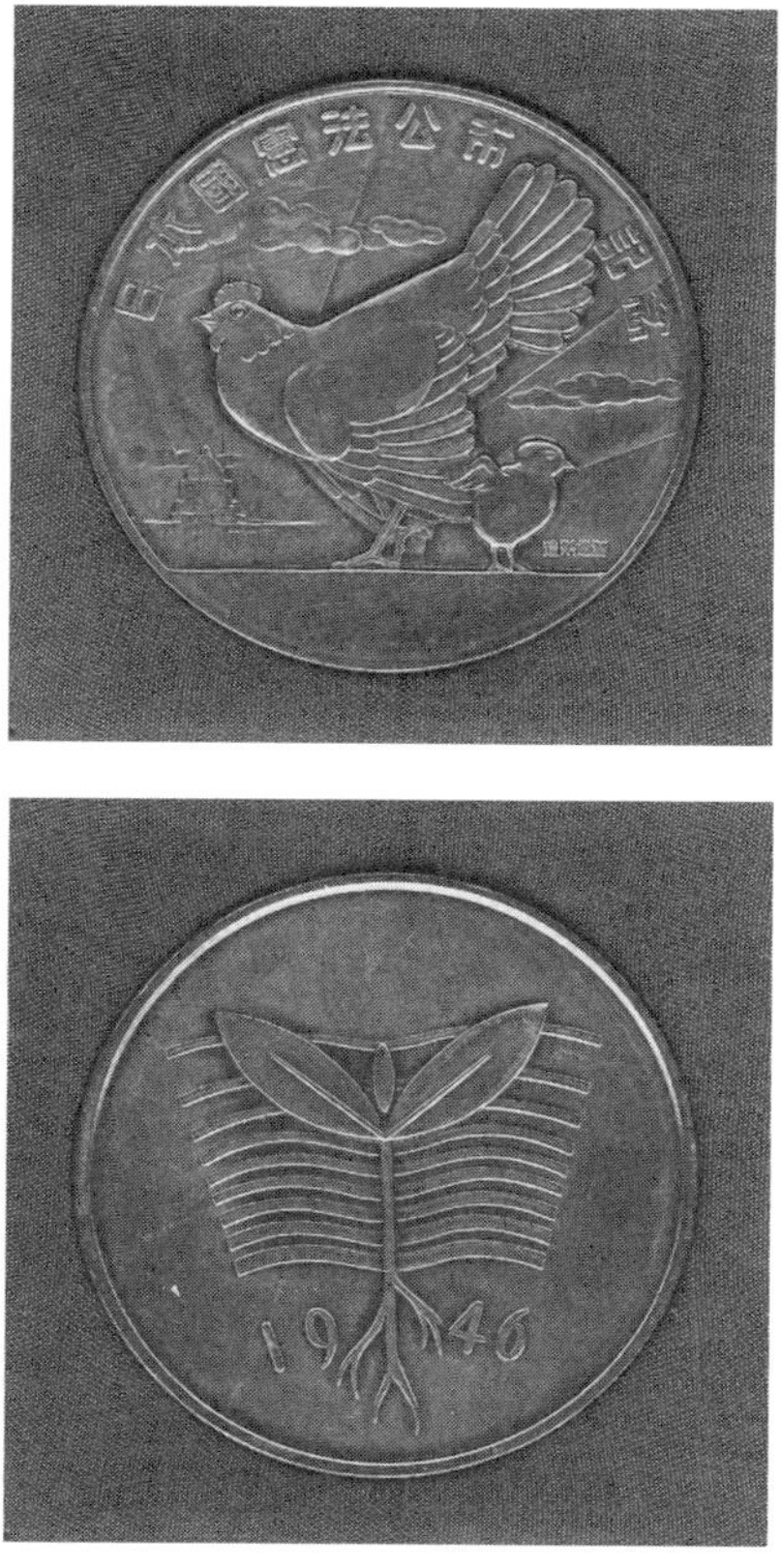

第一章
平和憲法を見直す

日本国憲法公布記念のメダル（1946年、造幣局）

第一節　三つの憲法の外見

†日本国憲法と明治憲法

一般に日本国憲法と大日本帝国憲法（明治憲法）は、まったく異なる憲法だと言われ、またあらゆるところでそのように教えられてきている。たしかに理念において両憲法は根本的に異なっているから、そう言われ、教えられてきていることは当然であろう。しかし、別の視点から見るとそうとも言えない共通点がある。それが日本国憲法の理念――とまでは言えないとしても――いわば「立ち位置」にかかわる重要な類似点だと考えられる。憲法をどういう編成にするかというのは、立法者の思想が反映されている。

第一節の見出しで「外見」と言っているのは、外形的、あるいは章別（章の編成）という意味である。そこでまず、日本国憲法と明治憲法の章別を比較してみる。

日本国憲法　　　　明治憲法

前文
第一章　天皇
第二章　戦争の放棄
第三章　国民の権利及び義務
第四章　国会
第五章　内閣
第六章　司法
第七章　財政
第八章　地方自治
第九章　改正
第十章　最高法規
第十一章　補則

第一章　天皇
第二章　臣民権利義務
第三章　帝国議会
第四章　国務大臣及枢密顧問
第五章　司法
第六章　会計
第七章　補則

明治憲法には「前文」はないが、「告文」や「憲法発布勅語」などはある。日本国憲法の「前文」が、「日本国民は」で始まるのに対し、明治憲法の「告文」や「憲法発布勅語」は「朕《ちん》（日本では天皇のみ使用する自称）」で始まっている。

それ以外の章では、日本国憲法は、明治憲法になかった「戦争の放棄（第二章）」と「地方自治（第八章）」、「改正（第九章）」、「最高法規（第十章）」が加わっている。これらのうち、「改正」は、明治憲法では「補則（第七章）」に含めているので、それ以外が本来の新しい「章」と見ることができよう。「最高法規」は、憲法の最高法規を謳ったもので、基本的人権の本質（九七条）、憲法の法規性（九八条）、公務員の憲法遵守義務（九九条）を示していると見ることができる。ただ、憲法の最高法規性を謳ったこの章がなぜ初めの章に掲げられず、このように章の最後の方に追いやられているのか、その理由は後ほど解明されることになる。

残る「戦争の放棄」と「地方自治」は、まさに日本国憲法の「新しさ」を示した章として存在していることになる。ということは、逆に言えば、日本国憲法の「新しさ」を示した章以外の編成と順序は意外なことに、明治憲法とほぼ同様であるということである。この点があまり意識されていない。しかし、あらためて考えてみると、日本国憲法はGHQ案を基本にしてつくられたと言われている。それでは、GHQ案はなぜ明治憲法に似せてつくったのか、という疑問が出てくる。

†GHQ案と明治憲法

GHQ案の章別の日本語訳（英米法学者・田中英夫訳）を紹介してみることにしたい（高柳賢

三ほか編著『日本国憲法制定の過程Ⅰ　原文と翻訳』有斐閣、一九七二年、二六七頁以下）。

GHQ案	明治憲法
（前文）	
第一章　天皇	第一章　天皇
第二章　戦争放棄	第二章　臣民権利義務
第三章　国民の権利及び義務	第三章　帝国議会
第四章　国会	第四章　国務大臣及枢密顧問
第五章　内閣	第五章　司法
第六章　司法	第六章　会計
第七章　財政	
第八章　地方行政	
第九章　改正	
第十章　最高法規	
	第七章　補則
第十一章　承認	

たしかに、「承認」などと、明治憲法との経過措置を規定した、他の章にはない章もあるが、驚くべきことに明治憲法と章別と順序はほとんど同様である。

もちろんこれは形式上の類似点であるが、その類似性は従来——といっても七〇年近く経つのであるが——ほとんど指摘されてこなかった。しかしそうした事実は別に驚くほどのことではなく、先に引用した文献『日本国憲法制定の過程Ｉ　原文と翻訳』で、「民政局（ＧＨＱで憲法改正にあたった部署）」や民政局次長のチャールズ・ケーディスが、その理由を記録に残しているのである。

ＧＨＱが独自かつ秘密裏に憲法草案の作成に取り掛かったのは、一九四六年二月四日であるが、その翌日の五日の憲法起草に携わる主要メンバーを集めた民政局会合での「議事要録」によれば、「日本流の述語と形式」について、つぎのような指摘がなされているのである。

民政局の憲法草案に当たっては、できる限り日本流の述語と形式を用いることに意見が一致した。しかしながら、アメリカ式の文言を用いた方がわれわれの意図するところがより明らかになるという場合には、日本式の形式をすててアメリカ式の用語を用いるべきだとされた。

あるいはまた、その翌日の二月六日の会合では、「ケーディス大佐は、天皇の地位を規定する条項は、前文のすぐ後に来るべきだと発言した」というのである。こうした確認は、草案起草時点ばかりでなく、その後、民政局の公式見解として公刊された『日本の政治的再編成』においても「全体の構成、章の題目などの点では、明治憲法に従うことが十分了解された」と確認されている。

われわれは、学校の授業でも「憲法三原則」を、国民主権、平和主義、人権尊重と教えられる。しかし、憲法には「国民主権」の章はなく、天皇の章のなかで国民主権が定められていることに疑問を感じてきた向きもあろうが、どうもその淵源はこの辺にあったようだ。

†「議会」から「国会」への怪

日本国憲法は「第四章　国会」と言っているが、明治憲法下の国会は「帝国議会」と言った。もちろん、「国会議事堂」という建物は明治の初めからあるが、立法機関としての「国会」という呼び方は日本国憲法になってからである。国家機関と建物が、イギリスのようにどちらも「議会」(Parliament と the Houses of Parliament) の場合もあるし、アメリカのように名称が別(Congress と the Capitol) の国があるので、そのこと自体が問題なのではない。問題は、明治憲法の「帝国議会」を――帝国ではなくなったので、そのまま使わないとしても――「議会」を使わず、なぜ日本国憲法では「国会」を選んだのか、その理由はどこにあったのか。

GHQ案は最初からDiet（国会）を用いている――もちろん「国会」のダイエットは「食事制限」とはなんら関係がない――が、Dietとは、そもそもドイツ帝国時代に同国で使われた言葉であり、きわめて権威主義的な議会を連想する。アメリカで教育を受けた彼らであれば、イギリスやアメリカの議会の名を使う方が自然であり、しかも先に述べたごとく、GHQ内で「日本流の述語と形式」を使うように指示が出されていたにもかかわらず、そのまま「議会」を使わず、「国会」という用語を使ったことに、著者は疑問を持ち続けてきたのである。

結局、根本に戻って考えるしかないと考え、一八八一年に明治天皇が「国会開設の詔」でどう言っていたのかを調べてみた。そこには「將に明治二十三年を期し、議員を召し、国会を開き、以て朕が初志を成さんとす」とあり、「国会を開き」という表現からは、「建物」ではなく「機関」と見ていたように受けとれるのである。

しかし、その後の大日本帝国憲法では「帝国議会」となる。そこで、戦後、GHQ案が日本政府に手交される前の憲法改正案を調べてみた。一九四五年の敗戦直後に幣原内閣が設置した「憲法問題調査委員会」で委員長を務めていた松本烝治が起草した「憲法改正草案要綱」（いわゆる「松本甲案」）にあたってみた。これを見るとやはり「帝国議会」であった。ところが、その後につくられた「憲法改正案（いわゆる乙案＝宮沢俊義案。本書第三章で考察する）」を見ると、驚いたことに、案の冒頭につぎのように記されていたではないか。

「大日本帝国憲法」を「日本国憲法」に改む
「臣民」を「国民」に改む
「帝国議会」を「国会」に改む

「国会」はここから始まったのだな、と思って前後の資料を見ていると、また驚く事実に遭遇した。先の「憲法改正草案要綱」は、英訳を付してGHQに提出されたが、それを見ると、「帝国議会」は、Imperial Parliament ではなくて、Imperial Diet と訳されていたのだ。しかも外務省文書には「憲法改正松本案——二月初旬米側へ渡せるもの」との書き込みがある。まさに、GHQが改正案を起草し終えた時期の「二月初旬」に「憲法改正草案要綱」（甲案）を渡している。はたして、GHQは、この松本甲案を見たのか、それとも乙案か。

いずれにせよ「国会＝ダイエット」の出自は、日本人から示された英訳ではないのかと推察される。一九四〇年、つまり戦前に有斐閣から藤井新一の英文で書かれた明治憲法の解説書（The Essentials of Japanese Constitutional Law）が刊行されている。それを見ると「議会は、

Dietの日本語」（英文）とある。GHQ案はこの近辺からDietを使ったのではないのかと思われる。

著者がこの問題にこだわっているのは、単なる言葉の問題からだけではない。先に触れたごとく、「国会」か「議会」かだけでなく、Dietが独り歩きしているからである。というのは、世界各国の憲法を英訳しているピースリー編『諸国の憲法典』（Amos J. Peaslee, *Constitutions of Nations*）を一瞥すると、立法機関でDietを用いている憲法はほとんどないのである。その理由は、たぶん「ダイエット」には極めて古色蒼然たる意味があるからではないのか。よく知られている英文の『法律学辞典』（Black's Law Dictionary, West Group, 1999）によると、Dietはこう解説されているからである。

> 立法もしくは政治あるいは宗教上の目的のための統治機構の集会日。とくに多くのヨーロッパ諸国の国民議会。たとえばドイツ帝国の国会のように、皇帝により定期的に招集され、課税、立法、開戦などの多様な機能を果たす。

GHQが「国会」を躊躇することなく使ったのは、ドイツ帝国憲法とは異なった理念の憲法を自ら考えたにもかかわらず、GHQ案作成の基本原則であった「日本流の述語と形式」を重んじすぎたのであろうか。それはまた単純に、「押し付け」てばかりいたわけではないことを教えてくれる。

と同時に、国の基本法とはいえ、これだけ国際化が進んだわけであるから、国会で英文などの翻訳文を公式訳文として議決すべきではないのか。というのは、英語で紹介される日本国憲法の翻訳は、いまだに法務省の仮訳とされているからである。憲法の正文は当然日本語であるが、そうは言ってもいまや世界中でその「仮訳」が、公式な「日本の憲法」と解され、通用しているのである。

第二節　三つの憲法と人権規定

†法律による制限の禁止

明治憲法、GHQ案、明治憲法を比較してみると、従来論じられてきた視点にはなかった点が浮かび上がってくる。

GHQ案は、合衆国憲法の亜流だとか、なかには合衆国憲法そのものと誤解されている。しかし、合衆国憲法とGHQ案にはかなりの違いがある。その最たる点は、合衆国憲法が立法権によって人権を制限することを、規制していることであろう。たとえば、一七九一年の信教や表現の自由を定める合衆国憲法修正一条はつぎのようである。

連邦議会は、国教の樹立をもたらす法律、もしくは自由な宗教活動を禁止する法律あるいは、言論または出版の自由、平和的に集会し、苦情の救済を求めて政府に請願する人民の権利を制限する法律を制定してはならない。

合衆国憲法は、人権を制限する法律を制定することそのものを禁じているのである。こうした点を憲法学者は「この『個人の権利』は、合衆国憲法が連邦政府に対する制限として制定されたことからも、連邦政府によって侵害されてはならない権利として捉えられている」と解説している（松井茂記『アメリカ憲法入門　第7版』有斐閣、二〇一二年、三九頁）。

このように憲法で人権制限を禁ずる流れは、明治の自由民権運動のなかにもあった。

一八八一（明治一四）年の、植木枝盛「東洋大日本国国憲按（大日本国々憲按）」にも見受けられる（家永三郎、松永昌三編『明治前期の憲法構想〔増訂版〕』福村出版、一九八五年、二二三八頁以下）。同案文はかなり長大であるが、第一編の第二章「国家の権限」の第五条は、つぎのごとくである。「日本国家は、日本各人の自由権利を殺減する規則を作りて之を行うを得ず」。

この植木の「国憲按」をもっとも意欲的に研究・分析したのは本書の第四章で述べる鈴木安蔵である。鈴木によれば、植木はこの第五条の「根本見地に立って、無条件的自由権、抵抗権、新政府樹立権、拷問死刑廃止」を主張したという（鈴木安蔵『憲法と自由民権』永美書房、一九四六年、八五頁）。鈴木安蔵は、戦後すぐ明治憲法の改正に向けて私的なグループの「憲法研究会」を組織し、民主的憲法案と言われる憲法研究会案を発表している。そこには「国民の言論学術宗教の自由を妨げる如何なる法令をも発布するを得ず」とある。

植木ら明治の自由民権の流れとは別に、立憲政体の詔書（一八七五年、明治八年）に基づき起草されたのが元老院の「日本国憲按」（一八七六年、明治九年）であった。この案は、立憲主義とはいえ、人権の部分は合衆国憲法の規定とはまったく異なる。「表現の自由」はつぎのごとくである。「第十三条　日本国民は予め監査を受くることになり、出版に由《よっ》て其の意思若くは論説を公けにすることを得。但し法律に対して其責に任ず可し」。

この「国憲按」は起草されたものの「お蔵入り」となったが、のちの明治憲法――「大日本帝国憲法」（一八八九年、明治二二年）――へと連なっている。

どんな立派な人権規定を盛り込んでも、「法律の範囲内」とか「公益を害しない目的」とたった一言が挿入されただけで、人権規定の内容はまったく異なってしまう。

†表現の自由を巡る攻防

明治憲法以来、われわれが経験してきたこの一二五年間、人権規定を比較してみると、その違いは明白である。人権規定は様々にあるが、最も人口《じんこう》に膾炙《かいしゃ》しているであろう「表現の自由」規定を比較してみよう。

まず、日本国憲法を見ると、「二一条　①集会、結社及び言論、出版その他一切の表現の自由は、これを保障する。②検閲は、これをしてはならない。通信の秘密は、これを侵してはならない」とある。

明治憲法では、「第二九条　日本臣民は法律の範囲内に於て言論著作印行集会及結社の自由を有す」。明治憲法には「法律の範囲内に於て」とある。つまり、人権制限をする法律をつくれば、「言論著作印行集会及結社の自由を有す」という規定は意味を有しないことになり、法律の範囲で、人権制限が可能となる。

たとえば「治安維持法」は、戦後はまるで悪法の典型のように語られてきたが、明治憲法から見れば、憲法に違反しない法律であった。

一九二五（大正一四）年につくられた治安維持法は「国体を変革することを目的として結社を組織したる者」を最高で死刑とし、その後「結社の目的遂行の為にする行為を為したる者」

と、いまだ目的を遂行していないが、その目的のためにする行為も処罰の対象とされた。第二次大戦直前の一九四一年にはついに全面的に法改正され、犯罪を「犯すの虞《おそれ》あること顕著」と判断された場合、つまり「予防拘禁」まで可能になったのである。

一九三六年、天皇機関説のかどで法制局長官の地位を追われた金森徳次郎は、「法律の範囲内」がこれほど自由を狭めるのかと、かつての自らが経験した苦い体験を、敗戦直後になって語っている。

「各種規定の殆んど全部が「法律の定むる所に従い」とか「法律の範囲内に於て」と言う類の制限を受けて居る。……議会が充実せる作用をするのであるならば更に懸念することはない。私も実に此の意味に於て懸念して居なかったのである。

然しながら不幸にして議会は理想的でなかったかも知れぬ。或は其の他の事由であったかも知れぬが、何れにしても人民の自由が確保せられざりし場面多大であったことが終戦後に論証された」(金森徳次郎『日本憲法民主化の焦点』協同書房、一九四六年、二四頁)。

同書は、金森が日本国憲法を審議するための「憲法担当大臣」に任命される直前の著書である。日本の閣僚としては稀有な経験と見ることができよう。

幣原内閣の憲法問題調査委員会の「憲法改正草案要綱(松本甲案)」ですら――明治憲法二九条の表現の自由規定については直接触れてはいないが――つぎのような改正基準を定めてい

る。「日本臣民は本章各条に掲げたる場合の外凡《ほかすべ》て法律に依るに非ずして其の自由及権利を侵さるることなき旨の規定を設くること」。「法律の範囲内」を削除するかどうか明示していないが、この段階でかなり否定的であったと見ることができる。

これに対し、鈴木らの「憲法研究会案」は、「言論学術宗教の自由を妨げる如何なる法令をも発布するを得ず」としていた。これは、単に「人権を保障する」との規定をさらに具体的に「自由を妨ぐる如何なる法令をも発布することを得ず」と人権侵害の法令の立法化そのものを禁じている。

こうした規定は合衆国憲法の修正第一条に類似している。修正第一条は、「連邦議会は、……言論または出版の自由……を制限する法律を制定してはならない」と定めている。近代法の人権思想から見ればこれは当然であろう。

ところが、鈴木らの憲法研究会案が発表され、その内容も知っていたGHQが起草した改正案は、つぎのようであった。

「第二〇条　集会、言論、出版その他一切の表現の自由は、これを保障する。検閲は、これをしてはならない。通信の秘密は、これを侵してはならない」

明治憲法が定めた「法律の範囲内」は、完全に削除されている。そればかりか「その他一切の」と、表現の自由を制限する可能性を含めて明示的に否定している。ここには、近代以前から、表現の自由を求めてきた人類の願いが込められていると言えよう。

しかし、合衆国憲法を熟知し、米国のロー・スクールで教育を受けてきたGHQの民政局の幹部が、なぜ合衆国憲法が定める「議会は……法律を制定してはならない」とする規定を起草しなかったのかと、疑問に思うかもしれない。思い起こしていただきたい、さきのGHQ案起草の際の「議事要録」(第一章第一節「GHQ案と明治憲法」)である。

この規定を起草するにあたって、「日本流の述語と形式」に従ったのではないのか。つまり、明治憲法同様、合衆国憲法風に「議会は」などと立法する主語を明示せず、かといって明治憲法のごとく「日本臣民は(表現の)自由を有す」ともせず、もちろん「法律の範囲内」は削除し、表現の自由規定は国籍要件を必要としないので「日本臣民(国民)」という限定も削除して、「集会、結社及び言論、出版その他一切の表現の自由は、これを保障する」としたのではないのか。

ところが、このGHQ案を受け取った日本政府は、それを横目で睨みながら、さっそくつぎのような「政府案」を起草している。

「第二〇条　凡ての国民は安寧秩序を妨げざる限に於て言論、著作、出版、集会及結社の自由を有す」

これでは、「日本流の述語と形式」を超えて、「安寧秩序を妨げざる限に於て」と内容まで、明治憲法の「法律の範囲内」に変わらぬ内容になってしまった。これを見たGHQの幹部が「安寧秩序を妨げざる限に於て」を削除するよう求めたのに対し、その場にいた法制局の幹部が「(GHQ案では)絶対禁止になっているけれども、Obscene picture(わいせつ図画)などに対しては、日本案のように、法律による例外を認めておく必要があると思う」と提案している。GHQ側は、「乱用のおそれがあるからということで(例外を認めておくことに)応じなかった」という(佐藤達夫『日本国憲法成立史 第三巻』有斐閣、一九九四年、一二二一頁)。

†魔物としての「法律の範囲内」

結果的には日本国憲法の二一条のごとくなったのである。ここには、行政府はもとより、立法府であっても人権制限を行える法律をつくることができず、個々具体的な事例に沿って、制限の対象と考えるか否かは裁判所が判断するという、権力の分立の思想も含まれている、と見ることができる。

こうした視点から二〇一二年発表の自民党の憲法改正草案を見ると、明治憲法にも勝るとは劣らぬ人権制限憲法だということが解るのである。

第二一条　集会、結社及び言論、出版その他一切の表現の自由は、これを保障する。

2　前項の規定にかかわらず、公益及び公の秩序を害することを目的とした活動を行い、並びにそれを目的として結社することは、認められない。

一項で人権保障を規定しつつ、二項では、「公益及び公の秩序」という「魔物」によって、人権制限、いや事実上の否定に等しい条項を加えている。それは、やはり自民党という政党には、金森のごとく権力の怖さを経験している国会議員がいなくなったためなのであろうか。

先に指摘したごとく明治憲法は、戦後GHQ案が政府に手交された後の「政府案」にも継承され、そしてなんと今、自民党の日本国憲法改正草案にも受け継がれようとしている。

ところで、合衆国憲法から自由民権の憲法案である植木枝盛、そして鈴木の憲法研究会案まで引き継がれてきた、憲法が人権制限を禁ずる流れは、その後どうなったであろうか。

当然、GHQ案に引き継がれたと考えがちであるが、決してそうではない。

再度、「表現の自由」を定めるGHQ案を掲げることにする。

第二〇条　集会、言論、出版その他一切の表現の自由は、これを保障する。検閲は、これをしてはならない。通信の秘密は、これを侵してはならない。

たしかに、「法律の範囲内」と定めた明治憲法の姿はどこにもない。しかし、合衆国憲法が定めた、「連邦議会は……法律を制定してはならない」という議会に法律の制定を禁ずる表現はどこにも見当たらない。GHQ案の主語が「集会、言論、出版その他一切の表現の自由は」であり、国会を規制してはいない。その点では、「法律の範囲内」を除けば、まさに明治憲法そのものなのである。しかもそれは、日本国憲法に引き継がれている。

†なにかとshall notの合衆国憲法

と同時に、GHQ案の条文のなかに「禁止する」という表現を見出すことは少ない。合衆国憲法は、なにかと法律の制定を禁じている。原文はCongress shall make no law と shall を用いる。

これに対し、GHQ案の英語原文は Freedom of assembly, speech, and press and all other forms of expression are guaranteed と shall をどこにも見出すことはできず、先に「表現の自由を巡る攻防」で示した日本国憲法も「集会、結社及び言論、出版その他一切の表現の自由は、これを保障する」(二一条)と「禁ずる」表現はまったくない。GHQ案のごとく「保障する」ときわめて静止的である。日本では、憲法や法律で国家権力を規制するという意識が薄いことによっているのだろう。

日本では日常用語として「法の下《もと》の平等」と言うのに対し、欧米では「法の前《まえ》の平等」(equality before the law) と言う。まさに日本人の法意識さらには法文化 (legal culture) の欧米のそれとの違いをよくあらわしている。GHQは、そういう明治憲法下の日本人の法意識を考え、憲法の起草にも「禁止」条項を用いなかったのであろう。

ここでも、日本国憲法はGHQによる「押し付け」だとする「押し付け論」が通用しないことに気付くのである。

最後に、日本国憲法の前文はかなり長い。全体は、国民主権、平和主義、そして国際協調で構成されている。それは、明らかに日本国憲法の前文に「米国の独立宣言」に匹敵する人権宣言が必要だと判断したからに他ならないと思われる。

第三節　内側から見た三つの憲法

†「主権」の誕生

日本国憲法の誕生を巡って議論がなされていた頃に、「主権」なかでも「国民主権」という言葉が、これほどまでにすんなりと国民に受け入れられると、誰が想像したであろうか。GHQ案が出現する以前は、憲法上は「主権」という語を用いず、「統治権」が使われていた。英語ではどちらも「ソブレニティ（sovereignty）」であるが、日本語では「主権」と「統治権」はニュアンスを異にする。

たとえば明治憲法は、「天皇は国の元首にして統治権を総攬《そうらん》し」（四条）と定めていたし、きわめて民主的な憲法案（本書の第四章で紹介する）を発表した鈴木安蔵の憲法研究会案も「統治権は国民より発す」としていた。松本烝治の「憲法改正草案要綱（松本甲案）」も、その後の「乙案」も「統治権」を使っていたことは言うまでもない。

鈴木安蔵の場合は、「国家権力もしくは統治権と主権、最高権等を別個の意義に使用するは学者の随意であるが、ここには統治権なる語を統一的に使用する」と断っている（鈴木安蔵『憲法制定前後』青木書店、一九七七年、七八頁）。

これに対し、GHQ案の基本的骨格を示したマッカーサーの民政局への指示（通称「マッカーサー三原則」、本書第二章で紹介する）は――天皇あるいは国民との関係では――そもそも「主権」に言及していないので、その記述はない。けれど、戦争の放棄を定めた部分で、「国家の主権的権利としての戦争」（War as a sovereign right of the nation）を用い、さらにGHQ案は、the sovereign will of the People（国民の、あるいは人民の主権的意思）としていた。外務省はこれを「人民の主権意思」と訳していた。

閣議がGHQ案受け入れを決定すると、そのGHQ案を参考に日本側の案を作成することになるが、その際、幣原首相の意見で（GHQ案に基づく）外務省訳を修正し、「日本国民至高の総意」と変えた（前掲『日本国憲法成立史　第三巻』七五頁）。その後、この日本案を基にGHQと協議したが、日本側は英語表現はそのままにして変えなかったために、GHQも日本案が「至高」を用いていることに気付かずにいた。

これについて、憲法学者の宮沢俊義のごとく、「日本国憲法生誕の法理」――多くの読者に多大な影響を与えた「八月革命説」の論文――の中で、「『国民の総意が至高なものであること』とは、英訳に the sovereignty of the people's will とあるとおり、国民が主権者だとする趣旨を示している」（宮沢俊義『コンメンタール篇　日本國憲法　別冊付録』日本評論社、一九五五年、三一一頁）と「至高」＝「主権者」との解釈を示した学者もいる。

従って、その後の「帝国憲法改正草案要綱」（一九四六年三月六日）も、「憲法改正草案」（四月一七日、政府草案）も、さらにこれに付した勅書も、すべて「日本国民至高の総意」だったのである。

政府草案は、帝国議会に付されたが、ここでの審議でもしばらくの間は、「至高」のままであった。誰も指摘しなければ、「至高」が現在まで残ったかもしれない。ところが、議会内からよりも、学者、ジャーナリストによって表現上の疑義が出される。それはあっという間に、連合国の日本の占領政策を決定する機関「極東委員会」（FEC、在ワシントン）からGHQの上部機関の米国統合参謀本部にまでも伝わり、GHQは日本語の修正を求めたのである。「国民主権」は、連合国と米国政府の基本的対日政策であった。

憲法問題の最高責任者であるケーディスは首相官邸に乗り込み、憲法担当の金森徳次郎国務大臣と入江俊郎法制局長官を前に、「主権の所在につき日本文の表現はきわめて不明確である。前文なり条文なりのどこかに主権が国民にあることを明示されたい」と述べた。

その際、金森は「sovereignty は法律的内容を持つとは考えぬ」と主張したのに対し、ケーディスは「貴大臣は『至高』と『主権』とは同一意味と謂われるが『至高』は英語では supremacy である。Sovereignty とは異なる。従って日英両文の喰違いは洵に大きいことになる」と、日本語と英語の違いに踏み込んだばかりか、明治憲法に対する注釈書である伊藤博文の『憲法義解』にも言及して、解釈による歪曲の危険性すら言及した（『憲法義解』はすでに英語の翻訳書があることから、ケーディスがすでに読んでいたと考えられる）。

金森はかなり抵抗した後で、ややあって渋々修正を認めている（外務省外交文書「戦後記録」、憲法改正案）。

「主権」は、こうした紆余曲折を経て、日本国憲法の公布に先だって審議中に修正され、憲法に定着することになった。日本政府が「主権」を回避した理由を、当時法制局次長で、政府案の起草にあたった佐藤達夫は、「このソバレン・ウィルは、直訳すれば、主権意思ということであろうが、当時の国体擁護の気分からいっても、あまり人民主権を露骨に出すことは望ましくない」と考えたと述べている（前掲『日本国憲法の誕生』二七二頁）。「国体」とは、「国家体制」――よりはっきり言えば「天皇制国家体制」――の意だが、政府はその擁護のために「至高」を用い、国民に主権があることを明確にする「主権」という用語を避けていたのである。

このケーディスの申し入れは、見方によれば「押し付け」の最たるものであろう。しかし、ケーディスの主張は近代憲法の理にかなう普遍性をもっており、しかも、それによって今日の日本の民主主義が樹立されたことを考えれば、単純に「押し付け」を叫ぶことがいかに無意味なことであるか、一目瞭然であろう。

†日本国民と日本人

日本国憲法は、「国民」を多用する。日常生活でも「国民」という言葉はよく使われる。政治家などは、自己の主張を正当化するために、「私は……」と言わず、「国民は……」と言い換える場合が多い。とくに国民を知らない政治家ほど「国民は……」を乱発する。

「国民」の根本は、日本国憲法一〇条で「日本国民たる要件は、法律でこれを定める」としていることによっている。その法律とは、「国籍法」である。ところが、そもそも憲法一〇条の案文は、ＧＨＱ案にも政府の憲法改正草案にもなかった。

調べてみると、衆議院での審議の途中で、法制局経由で与党議員が提案して追加修正されている。考えてみれば、明治憲法にもあったので、たぶん「賢い」法制官僚が必要だと考えたに違いない。たとえば「すべて国民は、法の下に平等であって……」（日本国憲法一四条）の際、「国民」に相当する英語に people を用いていたし、ＧＨＱ案で people とある場合はすべて「国民」を用いた。ところが一〇条の「日本国民たる要件は」を英訳する際には——「国民」に people を用いず——national（「国民」というより「国籍所有者」）を用いた（詳しくは、前掲『日本国憲法の誕生』二七六頁）。

先ほど、「考えてみれば、明治憲法にもあったので」と書いたが、実は定義が異なる。日本国憲法一〇条に対応する明治憲法一八条は、「日本臣民たるの要件は法律の定むる所に依る」と、「臣民」を用いる。この文脈においては「国民」と「臣民」はかなり異なる。というのは、臣民とは、天皇に直接仕える「臣」とそれ以外の「民」を意味するためである。明らかに「臣民」とは天皇（皇族）を含んでいないのだが、日本国憲法は、「日本国民」に天皇（皇族）が含まれるかどうかという問題がある。

あるいは、日本語表現で考えれば、一〇条（国民の要件）も一四条（法の下の平等）も、主語はどちらも「国民」であるから、一四条を「すべて日本国籍所有者は、法の下に平等」であると解すれば、外国人は法の下に平等ではない、とも解されることになる。GHQ案はすべてpeopleであったから、people（国民）は国籍に関係なく、単に統治者でない者を意味すると、GHQは考えたに違いない。一四条などに外国人差別が潜んでいるとは考えなかったのである。

そもそも、「国民」「日本国民」には、そうした問題点があるが、それ以上の問題は、「日本国民」と「日本人」の異同である。「日本国民」は、すでに述べたごとく、日本国籍所有者を意味する。それに対し、「日本人」は、国籍と関係ない人種を意味する、と著者は考えている。

ところが、たとえば憲法学者の宮沢俊義は、「日本国民とは、つまり、日本人のこと」（宮沢俊義『憲法入門』勁草文庫、一九五一年、一四九頁）としている。その理解では日本国籍でない外国人、たとえば韓国人が日本国籍を取得（帰化）した場合にはどうなるか。国籍は「日本国民」となるが人種的には「日本人ではない」と考え、「外国人」なのか。日本の法律では、日本国籍を持たない者を「外国人」としている。

どうもわれわれは、なにかと「日本国民」「国民」を使っているにもかかわらず――さらには外国人の人権が、なにかと問題になっているにもかかわらず――こうした問題を避けてきた。その淵源は、この辺の曖昧さにあるように思えるのである。

†国籍は戸籍で定まる

日本国籍を有しているといっても、国籍証明そのものを手にした人は少ない。というのは自らの国籍は戸籍謄本に記載される。日本の国籍は、親の国籍を継承している（血統主義）から、親が日本国籍であれば自動的に日本国籍になる。日本国籍の親から生まれた子どもは、出生届を出すとすると、自動的に日本国籍を取得することになる。

国籍取得を自覚するのは、外国人が日本国籍を取得する帰化の場合である。

国籍とはこの国の領土内に籍をもっていることを意味する。したがって、どこに住んでいるか（住所）は問題ではない。国籍のありかは本籍であり――それは戸籍謄本に記載されるが――住所ではない。なぜならば、国籍とはそもそも、国王（あるいは皇帝）に対する忠誠義務を意味するのであり、どこに住んでいるかは問題ではないのである（平賀健太『国籍法　上』帝国判例法規出版社、一九五〇年、一七頁）。

しかし、その国内で権利、義務の行使等を行う際には、たとえば、必要な本籍、住所、生年月日、家族上の身分などを記載することが戸籍法で義務付けられている。逆に言えば、戸籍に記載されなければ（とくに本籍）、国籍を有しないことになる。しかも、現行国籍法では「出生の時に父又は母が日本国民であるとき」（二条一項）は、日本国民になることができるが、そのためには出生届に父又は母の国籍を記載する（戸籍法四九条）ことによって国籍が取得（継承）されることになる。

私たちは「国民」をなにかと強調し、あるいは当然視してきたが、それではなにをもって「国民」としてきたかと考えるとかなり意図的、かつ政府の都合で「国民」を形成してきた感がある。かつて日本の植民地であった台湾、朝鮮などのことを考えるとその感を強くする。

植民地については、一九二五（大正一四）年の衆議院議員選挙法を見ると、「帝国臣民」とは内地の国籍法にいう国籍を有する者（内地人）に限らず、ほかに朝鮮人、台湾人、樺太人（当時の法令上では「樺太土着人」）も含まれるものと解されていた（高妻新『体系・戸籍用語事典』日本加除出版、一九八〇年）。

日本の戸籍法とは別に、朝鮮の場合は「朝鮮戸籍令」（一九二三年）が、台湾の場合は「戸口規則」（一九〇五年）という台湾の戸籍法が定められていたにもかかわらず、敗戦が近づいた一九四五年三月になると戦争に協力させる意図から、これら植民地の戸籍法を用いず、衆議院選挙法の特例で、朝鮮・台湾人にも選挙資格を付与した。しかし、朝鮮、台湾の場合は、選挙権者に「直接国税一五円以上」を課している。

ところが、敗戦の段になると、途端に選挙法を改正（一九四五年一二月）して、「戸籍法の適用を受けざる者の選挙権及被選挙権は当分の内これを停止す」という条文を追加したのである。

「戸籍法」とは、当然「日本の戸籍法」の意である。つまり、日本の戸籍法でなく、台湾や朝鮮の戸籍法の適用を受けている者は、この時点では日本臣民であるにもかかわらず、日本戸籍でないために選挙権を失ったのである。

そして、一九四七年五月二日――それは日本国憲法施行の前日であるが――勅令（天皇の発する命令）で「外国人登録令」を発し、「朝鮮人・台湾人」を、いまだ日本臣民であるにもかかわらず「当分の間、外国人とみなす」ことにし、対日講和条約（サンフランシスコ講和条約といわれる。正式には、「日本国との平和条約」）の発効をまって外国人登録法（一九五二年）を制定。在日朝鮮、在日台湾人を外国人――つまり日本国民でない――としたのであった（詳細は、古関彰一「帝国臣民から外国人へ」、「世界」二〇一〇年一〇月号）。なお、外国人登録法は、二〇〇九年の法改正により、出入国管理及び難民認定法に含まれる出入国管理特例法となっている。

†潜在主権下の沖縄での国籍

沖縄の国籍問題は、一見、問題の対象にならないように思える、あるいはそう思っている読者は多いのではないかと感じるが、実際は米国統治の下では事実上日本国籍はなく、その実態はかなり複雑である。本書第二章第四節「天皇制・沖縄そして九条」の中で、選挙権について論ずるので、ここではもっぱら国籍との関係のみを考察することにしたい。

沖縄は、一九四五年四月の米軍上陸とともに、米国海軍軍政府布告第一号によって、日本政府のすべての行政権の行使が停止され、米海軍の軍政長官の下で軍政が敷かれることになった。しかし、一九五〇年に軍政は民政に改組され、「琉球米国民政府」(民政府)を組織し、米軍―民政府―住民による間接統治が始まる。

民政府は、「琉球列島米国民政府憲章」(「憲章」には「章典」との訳もある。原文はprovision)を定め、その第三条で「琉球住民とは琉球の戸籍簿にその出生及び氏名の記載されている自然人」と定めた。「琉球の戸籍簿」とあることは、かつて旧植民地住民に対し、日本国籍があるとしながら、住民の具体的な権利義務はそれぞれの戸籍によると定め、日本の戸籍法が適応されなかった場合とまったく同様であった。

その一方で、一九五二年の対日講和条約で、日本の占領を終了し、本土の独立を認め、沖縄を本土から分離した(三条)。しかし、沖縄住民はじめ日本国民の反対を意識して、日本と沖縄の政府は、沖縄を分離したが、「沖縄には日本の潜在主権」があり、「沖縄住民は日本国民である」と言われてきた。

しかし、この「潜在主権」は、単なる米国政府の見解であり、しかも米国側と日本側との口頭合意にすぎなかったという(原貴美恵『サンフランシスコ平和条約の盲点』溪水社、二〇〇五年、二七〇頁)。しかも、戸籍法の扱いなどは、植民地に対して日本政府が行ってきた手法となんら変わるところがない。

国籍法を専門とする遠藤正敬は、「潜在主権」を単なる「名義的なもの」だと指摘している（遠藤正敬『戸籍と国籍の近現代史』明石書店、二〇一三年、二六三頁）。沖縄県民の国籍は、一九七二年の日米沖縄協定まで事実上「日本国籍」ではなかったことになる。

そもそも国籍は、政治のもとでつくられる。日本の場合、日本列島の主要な島が分断されたことがないため、国籍のありかに無関心であり、万古不易のごとく考える本土人が多いが、それは「日本」に無関心でいることと同義でもある（詳細は、古関彰一『沖縄／日本の安全保障』、遠藤誠治・遠藤乾編『シリーズ日本の安全保障　1――安全保障とは何か』岩波書店、二〇一四年）。

†戸籍法と皇統譜

日本で最初に戸籍法を制定したのは、明治四年（一八七一年）で、それに基づいた戸籍を編製したのは翌年の明治五年であった。この年の干支《えと》が壬申《じんしん》にあたったことから壬申戸籍と言われている。

明治維新は、天皇のもとで四民平等と言われたが、この維新後最初の戸籍である「明治五年戸籍」（壬申戸籍）を見ると、四民平等どころではなく、「族籍」は以下のように分類編製されている。皇族、華族、士族、卒族、地士（讃岐の郷士のみ）、旧神官、僧、尼、平民等を別個に集計して戸籍編製していた。それは、逆に見れば臣民でない天皇を戸籍の対象に含んでいないということであり、皇族は戸籍に入っていたということでもある。

しかし、その後の戸籍法を見ると、そもそも国籍・戸籍は、当時はフランス法の影響で民法の一部であったが、明治三一（一八九八）年の民法に「家」制度が導入されたこと（四編、五編）にともない、同年、「家」制度を基本とした戸籍法に改正される。これによって戸籍法は身分から「家＝戸主」中心に変わる。

戦後は、日本国憲法の下で「家」制度を廃止し、男女の平等と個人の尊厳を謳った二四条によって現行の戸籍法がつくられた。現行の戸籍法は「戸籍は、市町村の区域内に本籍を定める一の夫婦及びこれと氏を同じくする子ごとに、これを編製する」（昭和二十二年、法二二四号、戸籍法六条）と定め――「夫婦」としており、「個人の尊重」という憲法の趣旨に反しているが――「家」制度は廃止された。

いずれにしても「皇族」を戸籍法の対象にするか否かは、明治三一年改正法からも規定がない。明治憲法は「臣民」たる要件は国籍法で定める（一八条）としていた。ところが明治三二（一八九九）年の国籍法（法律六六号）を見ると、驚くことに憲法で国籍は「臣民」要件を定めることになっているにもかかわらず、国籍法では「子は出生の時其父が日本人なるときは之を日本人とす」（第一条）となり、「臣民」ではなく「日本人」とある。

明治二八（一八九五）年、台湾が日本の植民地に編入され、台湾人も「日本臣民」となったため、国籍法でも「臣民」を用いると、国籍法上、台湾人も日本人と同じ「臣民」となるため、日本の国籍法では「臣民」を避けて「日本人」を用いた。したがって、明治憲法下では、「日本臣民」は、日本の国籍法による日本人と、台湾人、朝鮮人、この三者は同じ「臣民」でありながら、台湾人、朝鮮人は日本の国籍取得には「日本人」になる手続きが必要になった。

さらに天皇と臣民の関係である。先に触れたように、明治憲法下では天皇は「臣民」ではない。明治憲法のもとにつくられた戸籍法も天皇（あるいは皇族も含む）を除外し、「臣民」を対象にしたことは当然である。ということは、戸籍法に対応する天皇（皇族）のための法が必要になる。それが、「皇統譜」である。

たとえば一九二六年の皇統譜令（大正一五年一〇月二一日　皇室令第六号）は、勅令の皇室令の一つであり、皇統譜は、大統譜及皇族譜に大別され（一条）、大統譜は、天皇と皇后を登録し（一一条）、皇族譜は皇族を登録する（二三条）とある。つまり、天皇（元首にして統治権者＝主権者）ばかりでなく、皇后、皇族も含めて統治権者と同様に扱っていたことになる。

ところが、日本国憲法下では、「臣民」は、「国民」に変化し、天皇は統治権者＝主権者から「国の象徴」へと地位が変化した。日本国憲法はすでに何度か紹介してきたごとく「国民たる要件は、法律でこれを定める」（一〇条）とし、これを受けた国籍法は、基本的に父または母が日本国民であった場合には、子は日本国民と定めている（二条一項）。

戸籍法で、子は「戸籍には、本籍の外、戸籍内の各人について、左の事項を記載しなければならない」（一三条）とあるので、「左の事項」である氏名、生年月日などを記入すれば、国籍が取得できることになっている。つまり、「戸籍内の各人」からもわかるように、戸籍は、家族単位の編製であるということを意識している。

一方、日本国憲法とともに勅令等の詔勅は廃止されたので――すべて廃止されたり法律や政令に変わるという実にややこしいことになるが――明治憲法下の皇室典範も勅令から法律へ、天皇と皇室のための皇統譜令も、勅令から政令に変わった（皇室典範という法令名は変わらないが、日本国憲法が施行された日に、勅令から法律に変更されたということ）。

同法は「天皇及び皇族の身分に関する事項は、これを皇統譜に登録する」（二六条）と定め、さらに同法のもとに皇統譜（昭和二二年政令一号）を政令で定め、これも日本国憲法施行日に「この政令に定めるものの外、皇統譜に関しては、当分の間、なお従前の例による」と、明治憲法下の勅令であった皇統譜のまま（一条「従前の例による」こと）にし、戦後七〇年間、変更されることなく今日に至っている。

つまり、一言でいえば、明治憲法下の皇室典範も、皇室典範下の皇統譜も、日本国憲法下で法形式は変わったが、法内容は「従前の例」によっているのである。「国民」が男性皇族と結婚すると戸籍法の戸籍から離脱して皇統譜に入り、逆に女性皇族が皇族でない男性と結婚すると皇統譜の皇籍を離脱して戸籍法の戸籍に入るということである。

この点も、外国人が日本国籍を取得する場合を考えると実にわかりやすい。すでに指摘したごとく、国籍の取得とは「国王（あるいは皇帝）に対する忠誠義務を意味する」ということである。したがって、君主国の英国（正式には、「連合王国」）では、外国人が英国籍（市民権）を取得する際に式典を行い、「国王に対する忠誠の宣誓」が――二〇〇二年の国籍法の改正後も――行われているという（岡久慶「連合王国市民権の獲得」、「外国の立法」二三一号、二〇〇七年二月、一七頁）。

一方、日本では外国人が日本国籍を取得して日本に「帰化」する際にも「宣誓書」を読み上げるが、英国式の「国王への忠誠」ではなく、それは「私は日本国憲法と法令を守り、定められた義務を履行し、善良な国民となることを誓います」と、共和制である米国と同様、「憲法への忠誠」を誓っている。日本国憲法によって――明治憲法とは異なり――天皇の地位は変わったのである。明治憲法の「臣民」は日本国憲法で「国民」に変化したのである。

†皇統譜から見る「国民」

天皇が「国民」に含まれるとすると、戸籍法の対象となる。皇族も同然であろう。その際、戸籍法では「氏名」が求められるが、天皇ならびに皇族は「氏」がないという問題が起きるであろう。反対に、天皇は「国民」に含まれないとすると、皇統譜に入ることになる。その際、天皇とともに、皇后も入るのかという問題も出てくる。壬申戸籍では、天皇のみが戸籍法の対象から除外されたことをすでに指摘したが、天皇のみが元首であり統治権者であることを考えるとたしかに合理性はあった。

しかし、戦後の戸籍法は皇后、皇族も戸籍法の対象になっておらず、皇后と皇族も皇統譜に含めたことには、日本始まって以来の根源的な問題があったからだと考えられよう。

日本の戸籍は、個人単位ではなく、家族単位である。日本国憲法は「すべて国民は、個人として尊重される」（一三条）とあるが、戸籍簿は明治憲法以来今日まで、その単位は「家族」のままなのである。

天皇のみが皇統譜に入り、皇后はじめ皇族は戸籍法の対象となれば――戸籍法は「家族」を単位としているので――同法の原則に反する。外国籍の人が日本国籍の人と結婚すると、新戸籍が作成されるが、外国籍の配偶者は――いわば参考のために――身分事項欄に記載されるにすぎないことになっているのと同様である。

いずれにしても、天皇および皇族が「国民」であれば、戸籍法の対象となり、現行の皇統譜は必要なくなる。一方、天皇と国民が「君臣」関係であれば――ということは、天皇は「日本国民統合の象徴」（憲法一条）ではなくなるが——天皇および皇族は国民ではなく皇統譜が必要となろう。

この点に関して、元最高裁判事で、憲法・行政法学者である園部逸夫によれば、「皇統譜は、天皇及び皇族の身分に関する事項を国として登録し管理する公の系譜簿であり、これにより現在の天皇及び皇族の血統が皇統に属することを国として文書によって明らかにする意味をもつもの」（園部逸夫『皇室法概論——皇室制度の法理と運用』第一法規出版、二〇〇二年、六一二頁）である。

日本の国籍は「血統主義」だが、問われていることは、「国民」との関係である。ここでは「国民」との関係は論ぜられず、「血統」の問題に変化している。いずれにしても、「国民」概念は不明のままなのである。

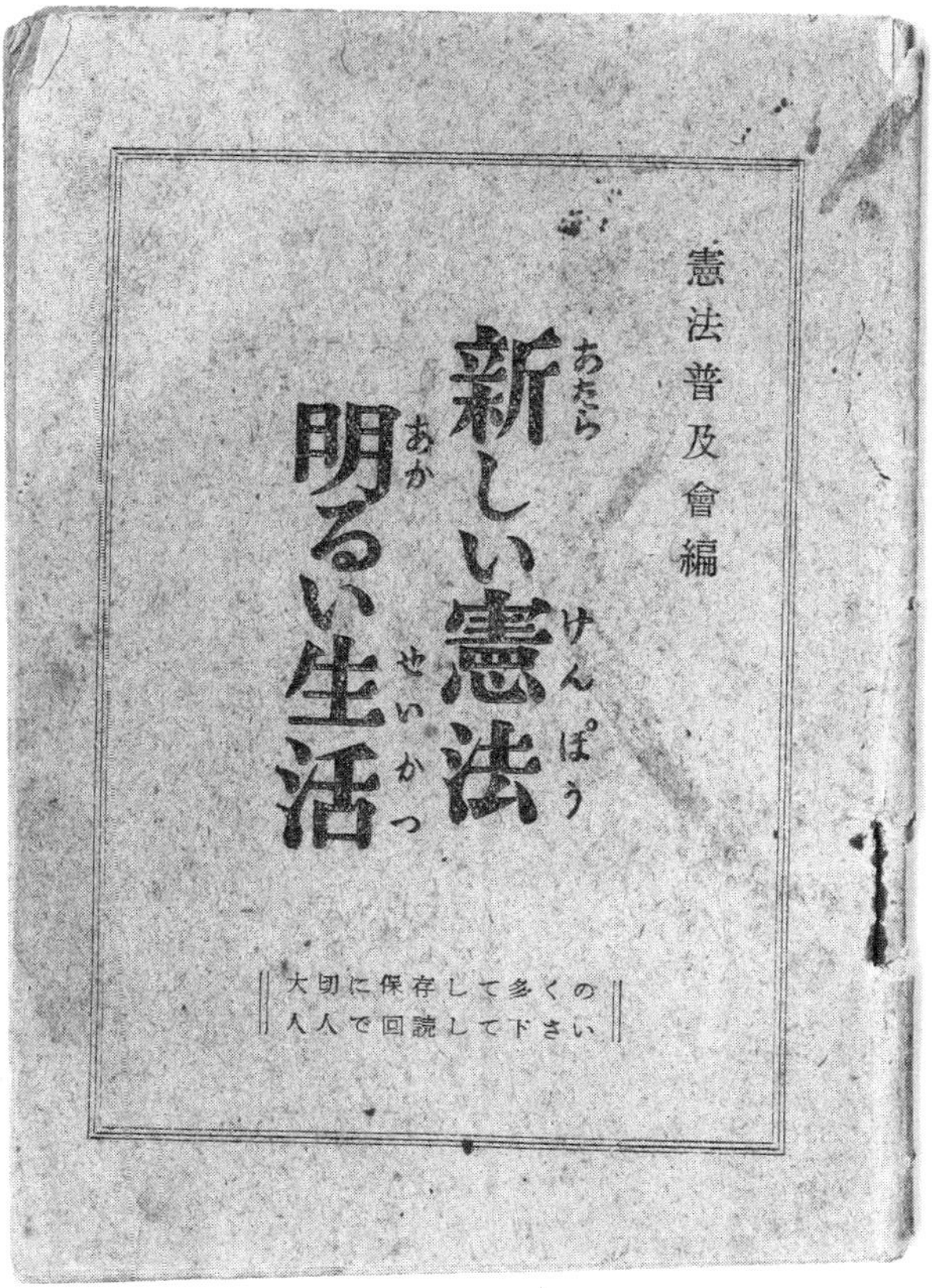

第二章
憲法九条の深層

各家庭に配布された『新しい憲法、明るい生活』パンフレット全30頁（憲法普及会編）

「憲法」といえば、「九条！」という言葉が返ってくるごとく、憲法の他の条文は知らなくとも九条は知られている。しかし、それだけに九条は誰が、どのような理由からつくったのかと考える余地もなく、「世界に類例のない平和憲法」と疑うこともなかったのである。

そしてまた九条ほどよく論じられてきた条文も他にはないのではなかろうか。ところが、「実はGHQ草案には、憲法前文を除いて『平和』は書かれていなかった」とか、「日本政府も憲法草案をつくった際に、前文を除いて『平和』にまったく言及していなかった」と書くとそのあまりの意外性に驚かれるかもしれない。

この七〇年間、論争につぐ論争を重ねてきただけに、もう議論は出尽くしていると思いがちだが、憲法九条と平和の関係を、誰がなんのためにつくり出したのかという原点に立ち戻って検討することにしたい。確認のために憲法九条の全文をまず掲げておく。

① 日本国民は、正義と秩序を基調とする国際平和を誠実に希求し、国権の発動たる戦争と、武力による威嚇又は武力の行使は、国際紛争を解決する手段としては、永久にこれを放棄する。

② 前項の目的を達するため、陸海空軍その他の戦力は、これを保持しない。国の交戦権は、これを認めない。

第一節　発案者は誰か、それはなんのためか

†「戦争放棄」と「平和条項」を区別する

九条の発案は、当時の首相の幣原喜重郎だ、あるいはマッカーサーと幣原の合作だと言われ、なかには昭和天皇だとか日本国民だとの説も聞く。なかでも幣原説、幣原・マッカーサー説が根強く、マッカーサーが単独で発案者だとする説はほとんど聞かない。

六〇年代までは、「憲法九条と天皇制はバーター」とか、「連合国のカミナリを避けるための避雷針」と――実証性はないが――よく言われてきた。それは同時代を生きた国民が感じた率直な気持ちであったに違いない。

著者はマッカーサー説をとってきているが、それはともかく、まず、マッカーサーが、一九四六年二月三日に、部下の民政局の憲法起草チームに示した「憲法改正にあたっての三原則」(通称「マッカーサー三原則」)を確認することから始めたい。

三原則の第一は、天皇は国の中心(「天皇は元首」との訳文もある)、第二に戦争の放棄、そし

て第三に、封建制度の廃止である。そこで、その第二の「戦争の放棄」の全文を示す。

国権の発動たる戦争は、廃止する。日本は、紛争解決のための手段としての戦争、さらに自己の安全を保持するための手段としての戦争をも、放棄する。日本は、その防衛と保護を、今や世界を動かしつつある崇高な理想に委ねる。日本が陸海空軍をもつ権能は、将来も与えられることはなく、交戦権が日本軍に与えられることもない。

まず、この「戦争の放棄」について、以下の点を確認しておきたい。それは、この二つの文章は基本的に日本国憲法九条の一項と二項にそれぞれ該当していること。そして、日本国憲法九条の条文と決定的に異なっている点は、「日本は、その防衛と保護を、今や世界を動かしつつある崇高な理想に委ねる」との部分が、日本国憲法の条文にはないこと。一方「三原則」には、日本国憲法の条文にある「国際平和を誠実に希求し」という平和条項がないことなどである。「三原則」の「戦争の放棄」は、後にGHQの民政局で条文が起草され（GHQ案）、八条となってつぎの条文になる。

国権の発動たる戦争は、廃止する。いかなる国であれ他の国との間の紛争解決の手段としては、武力による威嚇または武力の行使は、永久に放棄する。
陸軍、海軍、空軍その他の戦力を持つ権能は、将来も与えられることもなく、交戦権が国に与えられることもない。

ここで気付くことは「三原則」にある「自己の安全を保持するための手段としての戦争をも」という部分が完全に削除され、これに対して「武力による威嚇又は武力の行使」が加わったことである。これを加えた理由は、国連憲章の「武力による威嚇又は武力の行使」を慎む(二条四項)という条文からとったのではないのか。GHQ首脳部は国連憲章等を重視するように民政局員に指示していたからだ。

もちろんGHQ案は、日本国憲法九条の一項と二項の骨格はそのままであるが、九条一項にある「国際平和を誠実に希求し」という平和条項はここでも書かれていない。その意味では、GHQ案の八条は、平和条項ではなく、マッカーサー三原則とともに「戦争放棄」条項、あるいは「戦争違法化」条項であった。

†幣原説への疑問

さて、マッカー三原則もGHQ案にも「平和条項」はないにもかかわらず、九条の発案者は幣原首相だ、あるいは幣原とマッカーサーの合作だとの説が強く主張されている。まず、時系列で考えると、幣原政権で憲法改正に携わった憲法問題調査委員会の松本烝治委員長は、一九四五年一二月八日、議会で憲法改正について四つの点を挙げている（通称「松本四原則」）。憲法改正にあたっては、天皇が統治権の総攬者であること。議会の権限強化。国務大臣の責任強化。人民の自由・権利の保護の強化の四つである。つまり、戦争や軍隊はもちろんのこと「平和」についてもまったく触れていない。

さらにその後、松本委員長は憲法改正草案を起草し、その一つが「憲法問題調査委員会試案」として一九四六年二月一日に「毎日新聞」紙上で公表される（後述の「スクープ」された政府案）が、ここでも戦争の放棄とか平和とかにはまったく触れていない。

幣原が憲法九条の発案者であると主張される最大の根拠は、マッカーサー三原則が作成される少し前の一月二四日に、幣原とマッカーサーが会談した時の記録である。

この会談で幣原はこう述べたというのだ。

「世界中が戦力を持たないという理想論を始め戦争を世界中がしなくなる様になるには戦争を

放棄するという事以外にないと考えると話し出したところマッカーサーは急に立ち上がって両手で手を握り涙を目にいっぱいためてその通りだと言い出した」

実に臨場感あふれた記録である。しかも、当のマッカーサー自身が回想記（出版は憲法制定からだいぶ後）で同日の会談についてほぼ同様な内容を述べ、幣原が「新憲法を書上げる際にいわゆる『戦争放棄』条項を含め、その条項では同時に日本が軍事機構を一切もたないことを決めたい、と提案した」と書いたのである（ダグラス・マッカーサー『マッカーサー回想記』下 朝日新聞社、一九六四年）。

ここでも、幣原が提案した内容は、戦争放棄とともに軍事機構をもたないことであって、平和構想などには触れていないことに注目いただきたい。

この『回想記』がその後しばらくの間、世論に与えた影響はきわめて大きかった。たとえば南原繁（憲法制定時の東大総長、政治思想史）なども、『マッカーサー回想記』を――まず「朝日新聞」に連載された段階で――読んで、それ以前に南原が主張してきたことがその報道で「無用になった」と述べているほどである（「朝日新聞」一九六四年二月一五日付。『南原繁著作集第九巻』岩波書店、一九七三年、一四〇頁）。

著者がマッカーサー説をとる理由は多々あるが――それは後論のなかでおいおい立証することとして――ここでは著者が、幣原説をとらない理由を述べておくことにしたい。

一九四五年一二月八日の「松本四原則」では、戦争の放棄にかかわる内容はまったく触れられていない。たしかに、四六年一月の幣原とマッカーサー会談で示した構想を一二月にはもっておらず、議会で「四原則」が示された段階で触れられなかったとしても不思議はない。あるいは、首相の幣原になんの相談もせず、閣僚の松本が「四原則」を起草したことに首を傾けざるをえないが「自信家」としてよく知られた松本の性格を考えるとありうるとも思える。

けれど、その後に幣原政権下の松本の憲法案には〝幣原の構想〟がまったくなかったという疑問は残るのである。なぜ幣原は自己の「戦争放棄構想」を、松本の委員会で示さなかったのか。それればかりではない、先のマッカーサー『回想記』が出版される前のことであるが、松本の「憲法問題調査委員会」に加わっていた憲法学者の宮沢俊義がこう述べている。

「(幣原による戦争放棄構想説によると) 幣原首相は、マッカアサアがその幕僚に憲法草案を命ずるより前に、この構想をマッカアサアに傳えたと考えなくてはならないが、まさにその頃、彼の主催する内閣で、戦争の放棄の構想などを全然含まない松本草案(松本国務大臣の起草した憲法草案)を審議していたことなどと思い合せてみるとき、少なくとも今までにわれわれに知られた資料によるかぎり、……そのまま承認するに足りる根拠はまだ弱いようにおもわれる」(前掲『コンメンタール篇　日本國憲法　別冊付録』一六二頁)

さらにまた、閣僚の一人、芦田均の証言もある。幣原とマッカーサーとの会談のすぐ後の一九四六年二月一三日、日本政府側にGHQ案が手交された。日本側から出席したのは、吉田茂外相と松本委員長と通訳である。幣原は出席していない。そこで、吉田と松本は、首相官邸に戻り直ちに幣原に会い、GHQ憲法案を見せる。その後三者で協議を重ね、一九日にやっと閣議を招集する。この閣議に出席していた芦田均の『日記』によれば、「蒼ざめた松本烝治先生が発言を求めて、極めて重大な事件が起こった」と発言したこと、幣原はじめその他の閣僚も「吾々は之を受諾できぬ」と述べたという（前掲『日本国憲法の誕生』一六〇頁）。幣原は、GHQ案に反対していたのである。

憲法担当大臣を務めた金森徳次郎も幣原説には否定的であるようだ。本書の第四章で紹介する憲法研究会案を起草した鈴木安蔵は、金森が憲法担当大臣を終えて国会図書館長に就任（一九四八年六月）した頃、金森を訪ねて「第九条は幣原首相の発案ですか」と聞いた。「幣原さんは閣議では一度もああした信念や憲法の条項にしたいなどということは発言しませんでしたね」という答えであったという（前掲『憲法制定前後』二一二頁）。

しかし考えてみれば、幣原はマッカーサーとの会談では「戦争を放棄するという事以外にないと考える」とその数日前に提案しているというのである。であるとすれば、松本らからGHQ案を渡された幣原は、「マッカーサーは私の提案を受け入れたのですね」と満足顔でいたはずである。しかし現実には、閣議は深刻な雰囲気で始まり、その後幣原は再度マッカーサーを訪問し、直接GHQ案の真意を尋ねたところ、マッカーサーは「戦争放棄は、basic formだ」と答える。

しかも、幣原は閣議でGHQ案を「受諾できぬ」と九条が盛り込まれているGHQ案に「反対」すら述べているのである。

こうした事実から考えると、著者は幣原説を採ることはできないのである。

†立花隆の「私の護憲論」

評論家の立花隆は「私の護憲論」を月刊雑誌「現代」で――それは「現代」が休刊という不運にあう直前のことであるが――二〇〇七年七月～二〇〇九年一月号まで一九回にわたって連載し、そのうち三回分を割いて、九条の発案者について詳細に検討している。

まず、法制局次長として憲法制定の中心的役割を果たした入江俊郎を挙げ、「幣原さんが実質的イニシエーターだったのだという感じを強くしている」という証言を紹介している。また幣原と親しい間柄で大東亜戦争調査会の委員長を務めた青木得三は、「幣原は、GHQ案が日本側で施行される前に、日本側の意向を伝え、戦争放棄を盛り込むように依頼していた」と証言している。「朝日新聞の社長をつとめた長谷部忠氏は、編集局次長だった時代に、幣原の口から直接、自分が発案者だったと聞いているし、読売新聞の社長だった馬場恒吾もやはり幣原の口からそう聞いている」ということだ。

そればかりか、衆議院事務総長の大池真、枢密院顧問官の大平駒槌など重要人物の証言を渉猟し、幣原説に近い証言構成になっているが、これらがすべて幣原の口から出ていることもあり、立花は、結論的にはGHQとの合作と見る。「憲法九条は、こういう（軍備全廃の不動の）信念を持った人が発想し、それに共鳴したマッカーサーとその幕僚たちが法文化したわけです。そういう意味で、これは日米合作の憲法だったといえると思います」と結論づけている。

当時は九条が多くの国民にきわめて注目されており、しかもマッカーサー自身が自著で「幣原だ」と言明したこともあり、幣原説が有力であり、しかも九条支持の国民が多数であった時期は——幣原が九条をつくったとする根拠があるわけではないが——幣原説を採用してきたのだと言えよう。

†九条の発想は昭和天皇か

日本国憲法の制定にあたって大きな影響を与えたGHQ民政局次長のケーディスは、毎日新聞の花形記者の大森実のインタビューに答えて驚くべきこんな証言をしている。

「第九条の文言は私が書いたものです。……私は心の中で、この発想は天皇から出ているものと考えて書きました。幣原でもない。マッカーサーでもありません。その理由は……一九四六

（昭和二十一）年一月一日の天皇の詔書（人間宣言）です」（大森実『戦後秘史5――マッカーサーの憲法』講談社、一九七五年、二四九頁、二五〇頁）

ケーディスの言う「天皇の詔書」の該当部分は、「旧来の陋習《ろうしゆう》を去り、民意を暢達《ちようたつ》し、官民挙げて平和主義に徹し、教養豊かに文化を築き、以て民生の向上を図り、新日本を建設すべし」の部分である。しかし、この詔書には「戦争の放棄」はない。

ケーディスのインタビューは、多くの読者の注目を浴びた。しかし、ケーディスが書いたというマッカーサー三原則には、「平和」という言葉は含まれていない。

九条の発想は昭和天皇だ、との主張は他にもある。たとえば、衆議院憲法改正委員会の委員長であった芦田均は、本会議への委員長報告のなかで、こう述べている。

「（憲法九条に関して）憲法改正の御勅書は、この点に付いて日本国民が正義の自覚に依り平和の生活を享受することを希求し、進んで戦争を放棄して誼《よしみ》を万邦に修むる決意である」と、九条制定の根拠を昭和天皇の勅書に求めている（衆議院議事速記録第三十五号、昭和二一年八月二五日）。

ケーディスを含めて、九条は昭和天皇の発想だ、「戦争放棄」という発想は昭和天皇だとするには、「平和（主義）」と「戦争放棄」とをほとんど区別して考えていない結果だと言わざるを得ない。「戦争放棄」は、「平和（主義）」の重要な一部であるが、イコールではない。

本書第三章第一節で述べるごとく、「戦争の放棄」は、マッカーサー三原則にはじまり、GHQ案でも、政府の憲法草案でも、九条の草案で一貫して定められているが、「平和（主義）」は、どの九条草案でもまったく触れられていない。

たしかに、「平和国家」という言葉は、早くも一九四五年九月四日の帝国議会の開院式の勅語で触れられているが、九条に「平和」が盛り込まれるのは、衆議院での審議が行われた一九四六年七月段階である。一方、昭和天皇が、「戦争の放棄」に言及するのは、憲法改正草案要綱の公表の際（一九四六年三月六日）に発した勅語のなかである。

†「スクープ」された政府案

憲法制定過程にはまだ不明な点がいくつかあるが、政府の憲法改正案が公表されていなかった一九四六年二月一日、毎日新聞によって「憲法問題調査委員会試案」として報道された。それは「スクープ」――つまり出し抜かれた（スッパ抜かれた）――なのか、それとも「リーク」――意図的に漏らされた――なのかは、いまだに解決していない。従来、多くの場合「スクープ」と考えられてきているが、近年「リーク」ではないかとの研究が出されている。

この毎日新聞の報道が、今日でも研究者の関心を呼んでいるのは、報道された時期がある。日本占領政策に決定権を有する連合国の代表組織の極東委員会（FEC）訪日団がGHQと憲法問題を含めた会談を終えて離日した日であったこと。ホイットニー民政局長がマッカーサー宛てに、FECが憲法改正の決定をする前であればGHQに憲法改正の権限があると示唆していたこと（前掲『日本国憲法の誕生』一〇六〜一一二頁）。あるいは日本政府側から改正草案の観測気球をあげたとも考えられることなどから、関心がもたれてきた。

七〇年代初めによく読まれた児島襄『史録　日本国憲法』（文藝春秋、一九七二年）を引用する。

宮沢（俊義）教授は、心配した。スクープされたのがほぼ教授の試案に近いものであり、おまけに『毎日新聞』というのが、ドキリとくる。「なにせ、弟が『毎日』の記者なんですよ、弟が。弱りましてねェ。それで弟に、ヘンなことをしてもらっては困るじゃないか、どこか机の上にあるのをかっぱらって行ったんじゃないのか、とたずねると、絶対にそんなことはしない、という。しないという以上、信用しないわけにはいかないが、新聞記者ですからねェ。やったなんていうわけもない。あやしいなァとは思いながら……とにかく青くなりっぱなしでしたよ」（二三九〜二四〇頁）。

どうやら〝犯人〟は「毎日新聞」政治部記者・西山柳造、スクープ先は「枢密院筋らしい」

となったが、それも後日になって推測できたことで、当時は、ただ直接関係者に手落ちはないことが確認されただけであった。

毎日新聞の別の記者もほぼ同時期に西山柳造に取材しているが、児島の著書とほぼ同一の内容だ（毎日新聞百年史刊行委員会編『毎日新聞百年史』一九七二年）。その後、英米法学者の田中英夫も西山記者に面会しているが、西山記者はなんらかの意図があったわけではなく「まったくの偶然であった」としつつ、「そのタイミングは、まさに計ったかのようであった」と、なんらかの意図が推測できるような判断をしている（田中英夫『憲法制定過程覚え書』有斐閣、一九七九年、四七頁）。

毎日新聞は、憲法施行五〇周年にあたって、再び西山にインタビューを試みている。ここではかなり踏み込んで聞き出している。

――松本委員会の中心だった宮沢俊義東大教授の弟が『毎日』の記者だったので、そのルートから漏えいしたという説もありますが。

「それは違います。彼は政治部じゃなかった」

――西山さんのニュースソースは？

「ああ、もうこの世の人じゃないワ」

――だれですか。

「そりゃ言えない。（遺族や関係者に）迷惑かけちゃうもの」

――吉田外相（当時）がＧＨＱ主導への転換を狙ってリークしたという説もありましたね。

「そりゃ全然関係ないんだよ。……あらかじめ知ってたところの話じゃない。ぼくは、それをじかにみたんだもの」

――西山さんなり、当時の毎日新聞の編集幹部に、松本試案を葬ろうという思惑があったという観測もあります。

「それはない。特ダネをとりたいという素朴な気持ちだけだよ。社としてもそうだったね。」

――マッカーサーの干渉を誘うタイミングとして絶妙だったというのが専門家の見方ですが。

「偶然だよ」（「毎日新聞」一九九七年五月三日付）

何人かの人々が行った西山へのインタビューの結果は、毎日新聞が憲法五〇年の際の先の鋭いインタビューにもかかわらず、いずれも基本的には特段の意図はなく、タイミングも単に偶然であり、リークとは判断できない内容であった。

†「リーク」された可能性

ところが二〇〇二年刊行の書物に驚くべき内容が紹介されている。著者は、フリーランスのデイル・ヘレガース（Dale M.Hellegers）。日本国憲法の制定過程に関する、実証性の高い八〇〇頁を超える二巻にまたがる大型の大著である。その一部を紹介するとつぎのごとくである。

二月一日付のマッカーサーの新聞要録（press summary）には、毎日新聞の記事は含まれていなかった。というのは、共同通信も時事通信も民政局への英訳にその記事を入れていない。民政局の通訳官の一人は、専門用語（vernacular）の記事に気付いたが、その意義や言語が彼の理解を超えることがわかり、民政局へ報告しなかった。（民政局長の）ホイットニーは、最高司令官が他の記事（source）から内容を知っていたことを知らされ悔しい思いをしただけではなく、それに加えて、自分の部局の民政局が政治顧問部（ＰＯＬＡＤ）の職員によって内容を変えられていたことを知り、重ねがさね悔しい思いをした（１７３）。

マッカーサーの新聞要録とは、ＧＨＱが検閲用に使うために英訳した記事のことである。また、引用文中の註（173）は、オズボーン・ハウギ（Osborne Hauge）とのインタビューを紹介している。ハウギは、GHQ民政局で国会議事録や新聞記事要録を担当していた。まさに最適な証人を選んだと言える。そこには、こう書かれている。

一九七六年五月五日、オズボーン・ハウギとのインタビュー。ハウギ（の記憶）によれば、政治顧問部がマッカーサーの問い合わせに答えてきたことで、マッカーサーは、初めてその記事について知った、と思う。結果として民政局の（他の部局への）影響力が一定程度削がれる（a certain amount of defeathering）ことになった。民政局の翻訳官は呼び出されて叱責され、あの文書がいかに重要なものであったのか気付かされた。そこで民政局も、公表された憲法問題調査委員会の草案の正式訳文を急いだのであった。

それればかりでなく、GHQ案を起草した際に「行政権（内閣）に関する小委員会」の委員長であったサイラス・ピーク（Cyrus Peake）は、つぎのように「リークだ」と回想しているという。

その夜の夕食後、新たに到着した文官で専門家のサイラス・ピークは、政治顧問部の年配の友人から「きょう松本が（憲法草案の）文書をリークする」（Matsumoto leak in the paper today）と何気なく告げられたのです。ピークは興奮を抑えようとして、友人のホテルの部屋で毎日新聞の記事に対する政治顧問部の翻訳概要を急いで読んだ。ピークは日本の私的な（グループの憲法）草案（「憲法研究会案」の意）やワシントンの政策文書をよく知っていたので、毎日新聞の（日本政府の）草案はいかに不十分なものか知って仰天した。

翌朝、彼は毎日新聞の草案が（米国政府の）「日本の統治体制の改革」と題する政策書であるSWNCC二二八とはまったく違っていることをホイットニー将軍に知らせたのであった（引用部分の括弧は著者古関の付加。Dale M. Hellegers, *We the Japanese People, World War II and the Origins of the Japanese Constitution*, Vol. 2, Stanford University Press, 2002, pp. 515-516）。

このような事実が現われてくると、毎日新聞によるスクープという長年の定説に揺らぎが生じてくる。毎日新聞のスクープは、実は松本あるいは「試案」に関わった人物による「リーク」であったとも考えられる（この「試案」は松本案ではなく宮沢案＝乙案であったことが判明している。本書第三章を参照）。日本国憲法の制定過程にとって重大な関係があるだけに、それによって制定過程はいくらか変更される可能性も依然残されているようだ。

第二節　ＧＨＱのタイムリミット

†政府案になった「戦争の放棄」

ともあれその後閣議は、ＧＨＱ案を受け入れることになる。ＧＨＱは、日本政府に「そのまま日本語にして憲法をつくれ」などとは言っておらず、ＧＨＱ案を参考にして政府案を起草するように命じていた。日本政府は法制局を中心に政府案の作成に取り掛かった。

とはいえこの頃、つまり一九四六年二月末から三月初めにかけて、ＧＨＱは政府案を急いで完成させるよう督促し始める。日本政府の憲法改正案は、こうして急ぎ起草され、ＧＨＱ案の「戦争の放棄」の第八条は第九条に変わって、つぎのような案文になった（三月二日案）。

戦争を国権の発動と認め武力の威嚇又は武力の行使を他国との間の争議の解決の具とすることは永久に之を廃止する。
陸海空軍其の他の戦力の保持及国の交戦権は之を認めず。

三月二日案は、三月四日から始まるGHQと日本政府との協議の場で提出された。協議は、四日朝一〇時から翌五日午後四時までの三〇時間に及び、そのGHQの強引なやり方も、後に日本側から「押し付け」と非難されることになる。ただ、GHQのこうした「強引なやり方」には、喫緊《きっきん》の要事が控えていた。だが、この点は長年にわたって歴史叙述のなかで無視されてきたので、次節で詳説することにしたい。

ところで、この長時間にわたる協議では、GHQによって――日本政府の天皇条項などについて――厳しく追及され、日本側は細部にわたり修正を余儀なくされた。だが、上記の「戦争の放棄」条項はほとんど追及されずに済んだのである。それは政府側がGHQ案をほとんどそのまま受け入れたためだ。したがって、この「三月二日案」と、五日夕方に開催された閣議で決定された「帝国憲法改正草案要綱」の「戦争の放棄」条項は、ほとんど異なるところがない。

国の主権の発動として行う戦争及武力に依る威嚇又は武力の行使を他国との間の紛争の解決の具とすることは永久にこれを抛棄すること。

陸海空軍其の他の戦力の保持は之を許さず国の交戦権は之を認めざること。

こう見てくると日本政府は、天皇条項についてはＧＨＱ案にもとづいたいくつかの修正を試み、ＧＨＱ側も日本政府の修正要求に再度修正を求めてきたが、「戦争の放棄」条項についてはＧＨＱ案を基本的にはそのまま受け入れていたことがはっきりする。

「要綱」が定まったことはＧＨＱ側から見ると、「一段落」であった。実はＧＨＱにとって、この三月五日あたりまでは一刻を争う山場にあった。その理由は後論に譲るが、従来はＧＨＱ案をそのまま、急いで日本の憲法にするためだったと考えられてきた。それ以上の理由は考えられてこなかったのである。しかし、ＧＨＱはその後急がなくなり、日本政府もかなり時間をおいた四月一七日に憲法草案全文を発表する。

†帝国憲法改正草案と第九条

子細に検討してみると、ＧＨＱが急いだのは政府の「帝国憲法改正草案要綱」発表までであって、その後は急いでいない。政府が草案要綱を決定した三月五日から、憲法草案の全文を発表する四月一七日まで、その段階でＧＨＱは、まったく急いだ様子はないのである。法制局次長であった入江俊郎は、「四月一七日という日に草案を発表するということは、全く日本政府側の自主的な決定」であったと回想する（入江俊郎『憲法成立の経緯と憲法上の諸問題』第一法規出版、一九七六年、二八六頁）。

なぜGHQは、三月五日を目指して急いだのであろうか。ここで改めて再考しなければならないことは、従来の憲法制定過程研究は、それのみを分析の枠組みに閉じ込め、実は底流をなした天皇制、なかでも東京裁判との関係を視野の外に置いてきたことである。「帝国憲法改正草案要綱」を発表するまでになにが起こっていたのか、なぜ勅語を同時に発出しなければならなかったのかを、まず解明したい。

政府は草案要綱を公表するに当たり、天皇の「勅語」を発することになり、先述のGHQとの三〇時間に及ぶ協議を終え、直ちに閣議を開き、草案要綱案とともに勅語案を決定した後――すでに夕刻になっていたが――一刻の間もおかず勅語を得るため皇居に参内した。「勅語」と言えば、一般に「教育勅語」を連想し、子供たちが強制されてきたことから法的効力を伴ったように考えられるが、教育勅語は例外である。そもそも勅語は法的効力をもたない。本来は道徳的・訓示的な性格のものであり、今の言葉に直せば「天皇のおことば」に該当する。法的効力を伴うのは「詔書」である。一九〇七(明治四〇)年公式令では「大権の施行は詔書」と定めている。

日本国憲法改正案の発表にあたっても、天皇は詔書を出している。ではなぜ、法的拘束力をもたない「道徳的・訓示的」効力しかない勅語を「要綱」に付して、急いで公表したのか。この時の模様は、侍従次長の木下道雄が『側近日誌』(文藝春秋、一九九〇年)のなかでこう語っている。

（首相の天皇への拝謁は）憲法改正の事ながら、かくも急なるは、先日出た読売の記事、これは東久邇宮《ひがしくにのみや》が外人記者に語られた御退位の問題に関すること。即ち、天皇には御退位の意あること、皇族挙ってこれに賛成すると云う事。これが折角いままで努力したMの骨折を無にする事になるので、M司令部はやっきとなり、一刻も早く日本をして民定の民主化憲法を宣言せしめ、天皇制反対の世界の空気を防止せんとし、一刻も速やかにこれを出せと迫り来るによる。始めは十一日迄に松本試案を出せばよいことになっていたが、かくなってはそれ迄待てぬ。米国側の造った原案を採用するか、しからざれば Emperor の person の保障もできないと云う強談判《こわだんぱん》。

いくらか「解説」が必要かもしれない。まず「M」はマッカーサー。「Mの骨折」とは、マッカーサーによる昭和天皇の戦争責任の免責への努力。「東久邇宮」は、敗戦とともに五十数日間だけ首相を務めた。香淳皇后（昭和天皇の皇后）は、東久邇宮の姪にあたる。「十一日迄に松本試案を出せばよいことになっていたが、かくなってはそれ迄待てぬ」とは、GHQは三月一日迄に、政府の憲法改正草案要綱（同書は「松本試案」と書いているが、それは誤り）を出せばよいと言っていたのに、天皇の退位問題などが出てきたので、一一日までは待てない、今すぐ（五日）と言い出した、との意。

そこで、天皇は草案要綱と、法制局が素案を作成し閣議が了解した勅語を裁可した。こうして、草案要綱と勅語は翌日の新聞各紙に掲載されることになった。勅語の全文はかなり長文であり、すでに拙書（前掲『日本国憲法の誕生』一九九頁）で紹介してあるが、勅語の内容そのものにきわめて重要な意味が込められているので、改めて全文掲載させていただく。なお、ここでは内容から考えて、原文の漢字・カタカナを表記せざるを得ず、また必要に応じて振り仮名を振らせていただいた。

朕曩《ちんさき》ニポツダム宣言ヲ受諾セルニ伴ヒ日本国政治ノ最終ノ形態ハ日本国民ノ自由ニ表明シタル意思ニ依リ決定セラルベキモノナルニ顧《かえり》ミ日本国民カ正義ノ自覚ニ依リテ平和ノ生活ヲ享有シ文化ノ向上ヲ希求シ進ンデ戦争ヲ放棄シテ誼《よしみ》ヲ万邦ニ修ムルノ決意ナルヲ念《ねが》ヒ乃《すなわ》チ国民ノ総意ヲ基調トシ人格ノ基本的権利ヲ尊重スルノ主義ニ則《のっと》リ憲法ニ根本的ノ改正ヲ加ヘ以テ国家再建ノ礎ヲ定メムコトヲ庶幾《こいねが》フ政府当局其レ克《よ》ク朕ノ意ヲ体シ必ズ此ノ目的ヲ達成セムコトヲ期セヨ

この勅語には、すでにポツダム宣言や降伏文書、さらに日本国憲法草案要綱といった、米国政府かGHQかが作成した文書がそのまま引用されていることに気付く。そればかりでなく、いくつかの文章上、根本的に疑問を感じざるを得ない点がある。その代表例を示すと、「人格ノ基本的権利ヲ尊重スルノ主義ニ則リ憲法ニ根本的ノ改正ヲ加ヘ」るという表現、なかでも「人格ノ基本的権利」である。

GHQはこの勅語と草案要綱を英訳して連合国、なかでもその代表組織の「極東委員会」(FEC)に送っていたのであるが、その英語訳文を調べてみると、先の「人格ノ基本的権利」は fundamental human rights(基本的人権)であることが判ったのである。

†英文勅語が急がれた

つまり、事もあろうに言葉を間違った勅語を発したのである。時代が戦前であれば、即刻に政権は崩壊していたであろう重大事である。もちろん、宮内庁や法制局の官僚の中には気付いていた職員がいたに違いないが、その後も誰にも指摘されず、二〇一四年九月に公開された宮内庁編の「昭和天皇実録」でもなんの注釈も付されていないことを知り、驚きを超えた怖さをすら感じた。それにしても、戦後七〇年にもわたって相も変わらず、「押し付けだ」、「いや、そうではない」と議論してきた政治家や学者、ジャーナリストの怠慢にも驚く。この「勅語」

からは、GHQが三月五日を目指して、いかに時間との競争を強いられたかをうかがうことができる。

ともあれ、GHQが急いだ理由は、連合国の政策決定機関「極東委員会」の設置が決まったことである。FECは、GHQの上位機関であり、日本の占領政策を決定するため、一月末にワシントンで設立したばかりであった。早晩、FEC内の「憲法・法制改革委員会」も含め、日本の占領政策全般が議論の対象になる可能性もある。マッカーサーからすると、天皇の勅語は、前述のごとくポツダム宣言を忠実に再現しており――もちろんそれはGHQ側が原案を書いたので当然であるが――憲法に対する天皇の決意を連合国に伝える絶好の機会であった。さらには、天皇制や憲法、あるいは戦争裁判に対して厳しい対日観をもっているオーストラリア、ソ連、あるいは中国（中華民国）の機先を制するために――憲法の「要綱」という国家の基本政策を一刻も早くFECに示すことによって――自己の対日政策を確実なものにしたいと考えたに違いない。

東京裁判は目前に迫っていた。草案要綱を前後して、被告人ばかりでなく証人の選定も始まっていた。マッカーサーにしてみれば、昭和天皇が被告人になることはおろか、証人として喚問され、出廷させられることすら避けたかったに違いない。

そのためには、憲法の骨格を決める草案要綱の公表とそれに付随する天皇の勅語――そこにはすでにご覧のごとくポツダム宣言の内容がほぼ書き写されている――の公表が、一刻も早く必要だったのである。

後に作成されたGHQによる日本占領の報告書は、「（天皇）裕仁は、（帝国憲法の改正を）躊躇されなかった。彼は幣原に、最も徹底的な改革を、たとえ天皇御自身から政治的権能のすべてを剝奪するほどのものであっても、全面的に支持すると勧告された」と書いている（*Political Reorientation of Japan*, 1948. 引用は、この第三章「日本の新憲法」からで、この部分は、「国家学会雑誌」第六五巻一号に翻訳がある）。

さらに先の勅語に関しても、占領終了後にGHQが米政府に提出した報告書（訳書『GHQ日本占領史 7』日本図書センター、一九九六年）は、大部ではない報告書ではあるが、勅語を全文掲載している。

GHQがいかに明治憲法の改正を急ぎ、しかも昭和天皇がポツダム宣言に見合った憲法改正を自己の意思で積極的に行おうとしているか、連合国に一日も早く発信したかったかがわかるのである。

三月六日――草案要項発表の日――にマッカーサーは「啓蒙的憲法を日本国民に提示せんとする天皇及び日本政府の決定を……深い満足を表明する」と述べ、同時にGHQは、この憲法草案要綱の英訳文が「正確な確定案」であることの証明を楢橋書記官長（現在の官房長官）に求め、ＦＥＣなどの関係国に発送するため、「即時飛行機でアメリカに送った」という（前掲『憲法成立の経緯と憲法上の諸問題』二二一頁）。

†東京裁判と昭和天皇

さらに、ＧＨＱ――あるいは最高権力者のマッカーサー――が、天皇の地位の安定を求めて憲法制定を、いかに急いだかを示す決定的事例を、もう一点ＧＨＱの側から示しておきたい。まず、ＧＨＱの憲法案を日本側に示した二月一三日の会合でのホイットニー民政局長の発言である。その席で、ホイットニー民政局長は、冒頭「自分は非常にゆっくりしゃべるが、もし松本（烝治）博士にわからない点があれば、いつでも私の発言をさえぎっていただきたい」と、自己の発言の重大性を予告して、こう述べている。

最高司令官（マッカーサー）がこの文書をあなた方に提示しようと考えるにいたった真意と理由とについて、若干説明を加えたいと思います。……あなた方がご存知かどうか分かりませんが、最高司令官は、天皇を戦犯として取り調べるべきだという他国からの圧力、この圧力は次第に強くなりつつありますが、このような圧力から天皇を守ろうという決意を固く保持しています。……しかしみなさん、最高司令官といえども、万能ではありません。けれども最高司令官は、この新しい憲法の諸規定が受け入れられるならば、実際問題としては、天皇は安泰になると考えています（前掲『日本国憲法制定の過程Ⅰ　原文と翻訳』三二七頁）。

この点に関してより具体的には、マッカーサーとの交渉にあたった幣原喜重郎首相は、明治憲法改正での帝国議会の開催を前に、枢密院で、多くの学術書で一般に引用されてきた帝国議会での証言とは異なり、はるかに率直にGHQ案を受け入れるにあたった経緯を述べている。ところで、「枢密院」とは、明治憲法上の機関である。「天皇の諮詢に応え重要の国務を審議す」（五六条）とあり、天皇の最高顧問機関で、首相経験者など「元勲練達の者」などからなる顧問官二十数名によって構成された。

去る二月十一日余はマ司令官と長時間に亘り会談し同司令官が日本国天皇に対し包懐せる所見を聴くを得た。又其の席上将来の日本国管理に関し豪洲及ソ連側の態度に関しても言及する所があった。共に日本に対し必ずしも友好的でなく殊に豪洲は日本に対し一種の恐日病的状態に陥て居る如く考えらるるのである。……

二月二十七日以来マ司令部は急に政府に対し憲法草案の内示を強く要求するに至った。

……右内示を為すや否や司令部は急速に之が研究を要求し司令部側と内閣側の係官が一堂に会し徹夜して之を検討し、マ司令官自身も深更に至る迄之に関与し、三月五日朝に至って大体の草案がボツボツと出来上り之が出来るに従って内閣に報告せられ来った。……草案の中特に重要なる点は国体の本義に関係する第一（条）と戦争の放棄を宣言した第九（条）であると思う。……極東委員会と言うのは極東問題処理に関しては其の方針政策を決定する一種の立法機関であって、其の第一回の会議は二月二十六日ワシントンに開催され其の際日本憲法改正問題に関する議論があり、日本皇室を護持せんとするマ司令官の方針に対し容喙の形勢が見えたのではないかと想像せらる。……此等の状勢を考えると今日此の如き草案が成立を見たことは日本の為に喜ぶべきことで、若し時期を失した場合には我が皇室の御安泰の上からも極めて懼るべきものがあったように思われ危機一髪とも言うべきものであったと思うのである（村川一郎『帝国憲法改正案議事録』国書刊行会、一九八六年、一一三〜一一五頁）。

一方、米本国政府は、少なくとも国務省内では天皇の処遇に関して、明確な結論が出ないいま一九四六年を迎えている。これに対し、米統合参謀本部（ＪＣＳ）は、一九四五年末、マッカーサーに対して、天皇不起訴の立場を示唆しつつ、証拠収集を行うよう勧告した。これに対し、マッカーサーは一九四六年一月二五日、アイゼンハワーJCS陸軍参謀総長に対して、天皇を戦争犯罪人として起訴することに反対する見解を打電した。

過去一〇年間に、……天皇が日本帝国の政治上の諸決定に関与したことを示す同人の正確な行動については、明白確実な証拠は何も発見されていない。……天皇を告発するならば、日本国民の間に必ずや大騒乱を惹き起こし、その影響はどれほど過大視してもしすぎることはなかろう。天皇は、日本国民統合の象徴であり、天皇を排除するならば、日本は瓦解するであろう。……占領軍の大幅増強が絶対不可欠となるであろう。最小限にみても、おそらく一〇〇万の軍隊が必要となり、無期限にこれを維持しなければならないであろう（山極晃、中村政則編、岡田良之助訳『資料日本占領1――天皇制』大月書店、一九九〇年、四六三〜四六四頁）。

戦後軍隊の復員が急速に進んでいた米国で、「一〇〇万の軍隊が必要」と政府に要請することは不可能に近く、それを知ったうえでの発言は、いかにもマッカーサーらしい「押しの一手」をうかがわせる返電である。

結果的には、この段階で軍とマッカーサーを中心に天皇不起訴のレールが敷かれることにな

った（日暮吉延『東京裁判の国際関係』木鐸社、二〇〇二年、一七八〜一八〇頁）。

しかも、マッカーサーはそれに先立つ一月一九日極東国際軍事裁判所条例（東京裁判所条例）を決定する。同条例は、国際軍事裁判所条例（ニュルンベルク裁判所条例）と違って、被告の対象に「元首」は含まれていなかった（粟屋憲太郎『東京裁判への道　上』講談社選書メチエ、二〇〇六年、五六頁）。

一月二四日、寺崎英成（外交官。戦前、ワシントンの日本大使館に勤務）が天皇の御用掛に任命される。天皇からの「聞き取り」は、三月一八日から四月九日まで計五回行われ、『独白録』を残す（寺崎英成、マリコ・テラサキ・ミラー編著『昭和天皇独白録』文藝春秋、一九九一年）。この時期に並行して国際検事団による被告人選定が行われ、四月二九日（昭和天皇の誕生日）に被告人が起訴された。

一方、極東委員会（FEC）は、開会（一九四六年二月二六日）と同時に、日本の総選挙時期と憲法問題が中心議題になり、総選挙の時期（四月一〇日予定）の延期、憲法草案に十分な検討時間を与えること、天皇制の廃止（オーストラリア）など、マッカーサーの戦略を違える主張が渦巻いていたのであった（馬場伸也「占領とノーマン」「思想」一九七七年四月号、五〇七頁）。

このように見てくると、東京裁判への道は、天皇を被告の対象から除外する道でもあったが、その処遇が安定的なものになるためには、憲法上で天皇の地位が確定されることこそが必要であり、それは上記の文脈から見て、ほぼ一九四六年三月初旬であったことがわかる。

憲法がほぼ確定し公布される直前の一〇月段階では、マッカーサーと天皇の三回目の会見が行われ、昭和天皇は、「戦争放棄を決意実行する日本が危険にさらされる事のない様な世界の到来を、一日も早く見られる様に念願せずに居れません」と述べたという。

憲法で天皇の地位が確定したこと、それは取りも直さず「象徴」となったことと共に「戦争の放棄」が規定されたことでもあった。昭和天皇は「戦争の放棄」のその先を見ていたことになる。

天皇とマッカーサーの関係をつぶさに分析した豊下楢彦は、「その先」をこう分析している。「およそ半年を経て天皇は、事実上第九条に代わる日本の安全保障のあり方、つまりは米軍による防衛の保障をマッカーサーに求めた訳であった」（豊下楢彦『昭和天皇・マッカーサー会見』岩波現代文庫、二〇〇八年、五三頁）。

†「押し付け論」再考

本書で繰り返し述べるように、日本国憲法がGHQによる「押し付け」だと言われて久しい。憲法制定過程のなかで、「押し付け」と言われている場面は、ここまで本書で見てきたようにいくつかある。もっとも強力に主張され、多くの人に強い印象を与えてきたのは、松本烝治憲法問題調査委員会委員長（国務大臣）の一連の手記、証言である。

一九五四年に自民党の前身である自由党の憲法調査会で行った質疑応答のなかで、「おそらく天皇を国際裁判に出すかどうかというところに問題があったのではないかと想像している。向こう（GHQ）の言うところ（GHQ案）を呑めば（天皇を国際裁判に）出さない。（GHQ案を）呑まなければ（天皇を国際裁判に）出す、というわけで、そういうこと（天皇が国際裁判に出廷させられること）になったら大変だと思って」GHQ案を受け入れたという（引用文中の括弧は、著者古関の加筆。憲法調査会『憲資・総第二八号』「日本国憲法の草案について」三二頁）。

さらに、ミシガン大学のウォード教授（Robert Ward）は論文で、「日本側に与えたといわれる最も決定的な圧力は、天皇の身体に対する脅迫である。このような脅迫がなされるや、この点以外の憲法改正点に関する交渉で日本側が非常に従順になったことは、誰しも理解できよう」と書いた（憲法調査会『憲資・総第一七号』「現行日本国憲法制定までの経過」三七頁）。

こうした、GHQ案の日本側への手交に対する見方に対し、英米法学者の高柳賢三・大友一郎・田中英夫は共編著で「総司令部案の提示が勧告としてなされたものであることは明らかである」と、上記二者のGHQによる「脅迫」とする見解に対して、あれは「勧告」だったと批判した（『日本国憲法制定の過程Ⅱ　解説』有斐閣、一九七二年、六三頁）。

これに対し、宮沢俊義は、松本証言を考えると「そこにある種の『脅迫』があったと見たのは、曲解だろうか。それは嚇しの意味のものではなく、『天皇の安泰は確保しがたい』といって警告を与えただけだといっても、それは単なる修辞の上の違いではないだろうか」と、「嚇しと警告とは、この場合、いくらもちがわない」(「日本国憲法おしつけ論について」、「ジュリスト」五二八号、一九七三年、九七頁〜九九頁)と結論づけた。

そこで田中英夫は、再度ダメ押しの反論をして「『脅迫』(または『嚇し』)ではなく、『警告』だという見方を示したのは、……決して『多少のニュアンスの差があるだけで』『いくらもちがわない』ことではないと、私は考える」と述べた(前掲『憲法制定過程覚え書』有斐閣、一九八頁)。

さすがに双方とも法律家らしい論争だと思うが、双方ともあまりにも事実を無視した論の組み立てだと思わずにはいられない。なによりも、マッカーサーは昭和天皇を訴追せず、天皇制をなんらかの形で存置することを、すでに一月末には決めていたのである。

たしかに、マッカーサーが一月末に決めていたことは、日本側には伝えられていなかったが、ホイットニーの二月一三日当日の発言を聞けば、日本側は驚きつつ、松本甲案は受け入れられないが、起訴もないと分かったはずである。

ホイットニーの発言は、それを踏まえての発言であったのである。そこで仮に松本が言うように「呑む、呑まない」とか、あるいはウォードが言う「天皇の身体云々」がホイットニーから出されたとしても、それは、天皇を起訴するか否かという選択肢はすでになく、だからこそ「天皇は象徴」という憲法草案を提示していたわけである。

きっと松本には自身の憲法草案（松本案）が頭にあって明治憲法同様の天皇制を残せば起訴すると脅されたと考えたかもしれないが、ホイットニーの頭には、明治憲法同様の天皇制を拒否しようと受け入れようと起訴をする意思はなかったのである。すでに、二月一三日の会談の際にホイットニーが諄々《じゅんじゅん》と「ゆっくりしゃべって」諭しているように、（前項「東京裁判と昭和天皇」冒頭）、起訴して戦犯になるぞということではなく、「最高司令官は、天皇を戦犯として取り調べるべきだという他国からの圧力、この圧力は次第に強くなりつつありますが、このような圧力から天皇を守ろうという決意を固く保持しています」と伝えている。

つまり、「象徴天皇を呑むか呑まないか、呑まない場合は明治憲法上の天皇の地位は維持できない」という選択肢だった。仮に日本側が「GHQ案を呑まない」としても、昭和天皇が起訴される選択肢もなかったのである。したがって冷静に考えれば、「呑めば」象徴の地位は保持され、戦犯にもされないことを保証しているというGHQの提案を理解するべきだという「警告」だったのではないのか。

松本が「脅迫」だと理解し、宮沢が二十数年後になっても、松本同様に「嚇しも警告もいくらもちがわない」と考えた裏には、昭和天皇は今般の戦争で宣戦布告した最高責任者であり、本来は戦時下の統治権の総攬者かつ、大元帥の地位であったので、その地位が保持できなくなっても当然だという歴史観・戦争観が決定的に欠落していたのではないのか。

第三節　「戦争の放棄」から「平和主義」へ

†第九十帝国議会

ここまで、発案者は誰かを検証しつつ「戦争の放棄」条項の変遷、憲法と東京裁判の関係を追ってきたが、この段階、つまり政府草案が全文発表された段階で、「戦争の放棄」条項にあらためて注目していただきたい。「憲法九条とは平和主義」と思いがちだが、まず、マッカーサー三原則やGHQ案も、さらにはマッカーサーの『回想記』でも、憲法九条のなかに「平和主義」はおろか、「平和」などという言葉はまったく顔を出していない。

そればかりではなく、その後のGHQ案を基にした日本政府が起草したすべての案を見渡してみても、「戦争の放棄」を定めた条文に「平和」という表現は——前文は別として——まったく見出すことはできないのである。

つまり、この段階まで憲法九条は、「戦争の放棄」と「軍備不保持」を定めた条文、換言すれば、対外的に国家としての主権行使の中核である戦争ができない、あるいは他国に対して戦争を行わない、一言でいえば「主権制限」条項あるいは「戦争違法化」条項として存在していたのである。

それでは、憲法九条が「平和条項」と言われる「日本国民は、正義と秩序を基調とする国際平和を誠実に希求し」という九条一項の初めの文節が加えられたのは、いつ誰によってであろうか。

こんな詮索を著者自身も含め、従来の研究者は誰もしてこなかったので、この事実を調べ出すにはかなりの労力を要した。とは言え、それは研究者として当然行うべき帝国議会議事録の検索をして明らかになったのである。なんともお恥ずかしい次第である。

第九十帝国議会は、帝国憲法改正草案、日本国憲法の草案を審議する、いわば事実上の憲法制定会議であった。この議会で、自由党総裁の吉田茂が内閣総理大臣に、憲法担当大臣に金森徳次郎が就任している。先述の金森は岡田啓介内閣で法制局長官を経験し、著書が「天皇機関説」だとして攻撃され、職を退いて長らく蟄居《ちっきょ》して戦中を過ごしていたが、戦前の一九三〇年代には憲法学者でもあった。

衆議院本会議で、最初の発言者として登壇したのは、社会党の片山哲であった。片山は、吉田首相に向かって、こう質問している。

民主憲法は積極的に、日本国は平和国として出発するものであることを明示する、世界に向っての平和宣言を必要とすると私は考えるのであります。例えば第二章の戦争放棄の前に別条設けることも宜しいと思いまするが、日本国及び日本国民は平和愛好者たることを世界に向って宣言する、世界恒久平和の為に努力する、且つ国際信義を尊重する建前であることを声明することが必要なりと私は考えて居るのであります（第九十帝国議会衆議院本会議議事速記録第二号、一〇頁、一九四六年六月二二日）。

この片山発言は、直前の社会党常任委員会で出された「社会党修正案」を念頭に発言していると考えられる。政府案の憲法九条は戦争放棄のみが規定されているので、「平和」に言及したほうがよいと、結果的には「第九条の前に一条を設け『日本国民は平和を愛好し、国際信義を重んずることを国是とする』趣旨の規定を挿入する」との修正案だった（「朝日新聞」一九四六年六月二七日付）。

この片山議員の質問に対して、吉田首相はこう答弁している。

憲法に戦争放棄を明記して居るが、更に積極的に世界に向って平和宣言をなす用意ありや否やと云う御尋ねであります。憲法に戦争放棄を明記したことに付きましては、日本は実に世界平和を念願する為の一大決心に基いたものでありまして、其の趣意を以て世界に既に呼び掛けて居る訳であります。更に宣言をなすことの用意ありや否や、なすべきや否やと云うことは暫く今後の国際事情の発展に待ちたいと思います（第九十帝国議会衆議院本会議議事速記録第三号、一六頁、一九四六年六月二三日）。

ついで吉田の後を受けた金森徳次郎大臣の答弁は、吉田首相よりも修正提案に理解を示しつつも、やはり積極的ではなかった。

御趣旨に付きましては全く同感である訳であります。併しながらこの憲法自体が公正と信義を国政の中核とする建前を以て出来て居りまするが故に、規定これ自体は是で其の趣旨が現われて居るのではなかろうかと考えて居ります（第九十帝国議会衆議院本会議議事速記録第三号、一六頁、一九四六年六月二三日）。

その後、本会議では、鈴木義男、森戸辰男という憲法に深い知識をもつ議員が発言している。

森戸は、東大の経済学部で社会思想を専門とし、クロポトキンの社会思想を公にしたことによって東大を追われ、当時大阪にあった民間研究機関の「大原社会問題研究所」(現在法政大学の付属機関)に勤務。戦後、社会党に所属した。

鈴木義男は、戦前期に東北大や法政大で憲法・行政法の教授を務め、その間、ワイマール期のドイツに留学。敗戦と同時に社会党に入党し、この発言の直前に衆議院議員になったばかりの理論家であった。

鈴木は、平和はいまや安全保障を抜きには考えられないと次のように提案した。

> 今日は世界各国団結の力に依って安全保障の途を得る外ないことは世界の常識であります(拍手)。加盟国は軍事基地提供の義務があります代わりに、一たび不当に其の安全が脅かされます場合には、他の六十数箇国の全部の加盟国が一致して之を防ぐ義務があるのである。換言すれば、其の安全を保障せよと求むる権利があるのでありますから、我々は、消極的孤立、中立政策等を考うべきでなくして、飽くまでも積極的平和機構への参加政策を執るべきであると信ずるのであります(拍手)(第九十帝国議会衆議院本会議議事速記録第六号、九一頁、一九四六年六月二七日)。

これは、九条に「平和」を盛り込むためには「安全保障」を考えるべきだという提案であった。「安全保障」という日本語すら一般的に知られていないばかりか、しかも「積極的平和機構への参加政策」などとマッカーサーが決して認めないような提案であった。たぶん、鈴木がドイツ留学中に学んだ知識であったろう。なお、その後の「日米安保条約」（一九五一年調印）は、「国家安全保障」であって、日本語の「安全保障」とはまったく異なる概念である。

†積極的な平和宣言を

この本会議の後、六月二八日には衆議院に「帝国憲法改正案特別委員会」という特別委員会が設置される。委員長には芦田均が就任した。この委員会で金森大臣は、「戦争放棄のみを定める主権制限」条項であった憲法九条を大きく変化させる発言をしている。

（憲法九条は）条文としては僅か一箇条、項目として二つに過ぎないのでありますが、是こそ我が国自ら捨身の態勢に立って、全世界の平和愛好諸国の先頭に立たんとする趣旨を明かに致しまして、恒久平和を希求する我が大理想を力強く宣言したのであります。蓋し是は軽い意味を以て考うべきものでなく、過去の何千年の歴史を通しての今日の我が国民が、はっきり世界に向って根本の精神の存する所を以て、謂はば呼掛けると云う態度である訳であります（『第九十回帝国議会衆議院帝国憲法改正案特別委員会――速記』での金森徳次郎大臣の説明、一九四六年七月一日、第二回、四頁）。

この発言で金森大臣は、本会議での修正に対する否定的な態度を大きく変更している。金森発言を受けてか、芦田委員長は、委員会の最後に委員長としてつぎのような政府への要望を行った。

本改正案の運用に当っては、須く新世界に適用すべき民衆を教養《ママ》することから出発しなければなりません。世界が依然として偏狭な国家思想と、民族観念に囚われて居る限り、戦争の原因は永久に除かれないと思います。併し真に世界平和の理想に向って、民衆の思想感情を養成することは、非常に困難を伴う仕事であります。私は政府が将来この点に一層の注意を払われんことを要望致すものであります（『第九十回帝国議会衆議院帝国憲法改正案特別委員会――速記』第二十回の質疑終了の七月二四日、三八九頁）。

芦田は「戦争原因」を考える必要性を「偏狭な国家思想と、民族観念」からの脱却という、マッカーサーの政治戦略としての戦争放棄をはるかに超えた、平和の理想を訴えたのであった。

さらに七月二五日からは、特別委員会のなかに、懇談形式で修正案を作成する小委員会がつくられる。ここでも、鈴木義男は先の九条に「平和」を盛り込むため、積極的に修正発言をしている。

当然、小委員会は具体的に修正案を作成する場であるので、条文化を前提に、しかも法律家らしく「平和」が道徳の範疇に至らないよう、つぎのように提案しているが、最終的には意外な結論になっている。

日本国は平和を愛好し、国際信義を重んずる——是は法律に直すには可なり難しい技術を要しますが、是は道徳的の規定になりますから、外にも道徳的の規定は沢山ありますけれども、其の趣旨は前文に出て居りますから、無理にそう云う一条を設け、或いは此の前に出すことはないと思います。強いて固執は致しませぬが、皆さんのご意見を伺います。唯戦争をしない、軍備を皆棄てると云うは一寸泣言のような消極的な印象を与えるから、先ず平和を愛好するのだと云うことを宣言して置いて、其の次に此の条文を入れようぢやないか、そう云うことを申出た趣旨なのであります。

その後、鈴木は、さきの社会党の提案をいくらか修正して「日本国民は平和を愛好し、国際信義を重んずることを国是とし、教育の根本精神をここに置く」と提案した。

これに対して芦田委員長から「教育の根本と云うことは後にして、外務省から来た印刷物に、『国際信義を重んじて条約を守る』と云うことが何処かにあって欲しいと云うような意見が出て居りました」との発言が出される。外務省出身の芦田らしく、その意向を汲んで、さらにいくらか字句の修正があって、条文内容は急転直下、芦田の発言が芦田委員会の結論になってしまった(『第九十帝国議会衆議院　帝国憲法改正案委員小委員会速記録――復刻版』現代史料出版、二〇〇五年、七八～八二頁)。

†芦田の「平和への情熱」

外務省が九条に「平和」を付加することを考えていたという傍証には、外務省嘱託で、専属通訳の小畑薫良による「新憲法について」と題する文書がある。「ご参考」として法制局長官に出されている――提出の日付は不明ではあるが三月五日直後か――が、そこには次のようにある。「単に武装解除されたる敗戦国の現実を確認するのみにては情けなし。積極的に世界平和確立の高遠なる理想を表明せる条項を加えたしとの意見あり。同感」(佐藤達夫『日本国憲法成立史』第三巻、有斐閣、一九九四年、二六八頁)。

それは、結果的に日本国憲法九条一項となった。

そもそもの政府案は「国の主権の発動たる戦争と、武力による威嚇又は武力の行使は、他国との間の紛争の解決の手段としては、永久にこれを抛棄する」であったが、議会での審議を通じて、「日本国民は、正義と秩序を基調とする国際平和を誠実に希求し、国権の発動たる戦争と武力による威嚇又は武力の行使は、国際紛争を解決する手段としては、永久にこれを放棄する」と修正されたのであった。

政府案の段階まで、「戦争の放棄」のみであった九条一項に、「国際平和を誠実に希求し」が追加されたと見ることもできるが、社会党が努力し、芦田を通じて外務省の意向が反映されたと見ることもできる。

芦田は、その後、本会議で委員会の修正提案を行っている。九条の意義について「我が新憲法の如く全面的に軍備を撤去し、総べての戦争を否認することを規定した憲法は、恐らく世界に於いて之を嚆矢とするでありましょう」と戦争の全面的否認を高々に宣言し、報告の最後をこう結んでいる。

> 改正憲法の最大の特色は、大胆率直に戦争の放棄を宣言したことであります。是こそ数千万の人命を犠牲とした大戦争を体験して、万人の齎しく懇望する所であり、世界平和への大道であります。我々は此の理想の旗を掲げて全世界に呼掛けんとするものであります

（拍手）（第九十帝国議会衆議院本会議議事速記録第三十五号、一九四六年八月二五日、五〇五頁）。

その後、各党が登壇して発言しているが、なかでも二大保守党の自由党は北昤吉が、進歩党は犬養健（犬養毅の三男）が、いずれも憲法改正案に賛成し、「修正に対する努力を多とする」とサラリと、あるいは「おとなしく」述べている。結果的には、なんとも具体性のない抽象的な条文になってしまったが、これがこの段階での議員の精一杯の努力であったと考えるべきだろう。

と同時に、この芦田の「平和への情熱」を、後に登場するもう一つの「芦田修正」の際の芦田の見解（本書第二章第五節）まで記憶に留めておいていただきたいのである。

†九条と前文の関係

憲法九条の「戦争の放棄」と「軍備不保持」が、平和とは無関係で、実はマッカーサーによる政治戦略的意図によっていることを知らされた読者は、憲法前文とのあまりの隔たりに驚かれたに違いない。そこで、まず平和主義を謳った前文の第二段落を紹介することから始めたい。

日本国民は、恒久の平和を念願し、人間相互の関係を支配する崇高な理想を深く自覚するのであつて、平和を愛する諸国民の公正と信義に信頼して、われらの安全と生存を保持しようと決意した。われらは、平和を維持し、専制と隷従、圧迫と偏狭を地上から永遠に除去しようと努めてゐる国際社会において、名誉ある地位を占めたいと思ふ。われらは、全世界の国民が、ひとしく恐怖と欠乏から免かれ、平和のうちに生存する権利を有することを確認する。

そもそも、マッカーサーは、憲法案を起草するに当たり民政局の憲法起草チームに先の「三原則」を示したにもかかわらず、そのなかには前文（Preamble）は含まれていない。したがって、前文はGHQ案作成の際に、前文起草チームが作成したものである。

このGHQ案を受けて日本側は政府案を起草するが、その際に日本側はGHQ案の前文を省いた。というのも、本書第一章で述べたように、明治憲法には、「告文」「勅語」「上諭」はあったが、「前文」はなかったからである。日本政府は、「日本的」に考え、GHQ案にあった前文を無視して、起草にあたったのだった。

本書第二章第二節で紹介した日本側とGHQ側との三〇時間におよぶ協議の冒頭（一九四六年三月四日）で、GHQ側は政府案には、前文が付されていないことに気付く。「前文は変更を許さない、司令部案(GHQ案)の通りのものを日本文として提出せよ」と命じたという(前掲『日本国憲法成立史』第三巻、一〇六頁)。

たしかにその後、帝国議会の審議や山本有三ら作家の手によって、いくらか修正されてはいるが、日本側はGHQ案を事実上そのまま添付せざるを得なかったようである。その意味では前文は、日本国憲法の中でもっとも「押し付け」色の強いものだと言えよう。

しかし、著者の小さな経験からすると、市民グループなどによる憲法の勉強会などで日本国憲法の一番好きな部分を聞くと、「前文」と答える市民が多かったことを思い起こす。人間の本質、あるいは普遍性の表明があり、しかもそのような人間のあるべき理想を謳いあげた文章に魅力を感ずると同時に、およそ日本の法律は言うまでもなく公文書では、まずお目にかかることがない、さわやかな新鮮さを感じるからではなかろうか。

一般的には、前文は長い間にわたって関心の外に置かれてきた。前文の意義が「発見」されるのは、六〇年代に入ってからのことである。憲法学者の星野安三郎は、自衛隊の憲法適合性が恵庭事件や長沼事件を通じて鋭く争われていたなかで、前文の「平和のうちに生存する権利」の権利性を改めて提唱したのである(星野安三郎「平和的生存権序説」『日本国憲法史考』法律文化社、一九六二年、同『平和に生きる権利』法律文化社、一九七四年)。

また、ほぼ同時期の六〇年代半ばに政治学者の丸山眞男は、「前文において日本国民の国民、的生存権が確認されている」点を踏まえて「この前文の意味における国民的な生存権は、国際社会における日本国民のいわば基本権として確認されていることを見落としてはならない」と鋭い指摘をしている（丸山眞男「憲法第九条をめぐる若干の考察」、「世界」一九六五年六月号、五三〜五四頁。傍点は原文）。

したがって――と言っていいのかどうか、それとも「逆に」と言った方がはっきりしそうなのだが――二〇一二年の自由民主党の憲法改正案では全面削除の対象になっているのである。その理由を自民党の改憲案の解説文書の「Q＆A（増補版）」によると「前文は、我が国の歴史・伝統・文化を踏まえた文章であるべきですが、現行憲法の前文には、そうした点が現れていません」ということである。自民党にとって、普遍的価値や理想よりも日本的な情緒的表現や現実の方が大切なようである。

あらためて考えてみると、星野や丸山が指摘した重要な点は、前文と本文との内的関連性である。前文は平和主義とともに国民主権、国際協調から成り立っているが、平和主義に限らず、国民主権にしても国際協調に関しても本文のなかでかならずしも具体化されていないということである。

本文の九条では「戦争の放棄」が規定されているが、それ以外では、前文の「平和のうちに生存する権利」にかかわる条文は、本文ではなんら権利規定が存在しないのである。さらに

「国民主権」についても、一条の天皇の地位との関連で規定されているのみであり、「国際協調」は、九八条で国際法規の誠実遵守が定められているに過ぎない。

†前文の起草者は誰か

日本国憲法の前文は誰が起草したのだろうか。マッカーサーではない。先の「三原則」を見ても、幣原との会話でも、「戦争の放棄」とは言っているが、「平和」には決して触れていない。それはある意味では当然なことだろう。「軍人に生まれるべくして生まれ、生きてきたような」生粋の軍人のマッカーサーが、「平和」を口にするほど、「政治家」ではないであろう。その点、いまの軍人や政治家とは違うのである。

軍国主義日本に勝利したアメリカ人にとって「米国軍人」は、かつての日本の帝国軍人のように、「栄えある職業」であったのである。マッカーサーの時代のアメリカは、陸軍省のことをDepartment of War（戦争省）と言っていたほどである。その後、一九五〇年代初めから現在のDepartment of Armyと変わった。まさに「戦争」とはすばらしい、勇ましいものであったのである。

しかも、九条の規定は、たしかに先に述べたごとく日本側の努力によって「平和」が追加されたが、本来マッカーサーの頭の中には「戦争の放棄と軍備不保持」しかなかったのである。

それに比して、前文の平和主義の段落には、新しい憲法への決意、平和国家を創ろうする理想、新しい日本をつくろうとする「改革者としての情熱」が伝わってくるではありませんか。

そう話せば、誰しも「九条を書いた人の名は？」と聞きたくなるに違いない。残されている文献からは、アルフレッド・ハッシー（Alfred R. Hussey, Jr.）の名前が挙がっている。ハッシーは、宗教的な教育（キリスト教）を受けて成長し、ハーバード大学で政治学を学んだ後、「米国建国の父」の一人であるトーマス・ジェファーソンが創立したバージニア大学ロー・スクールを優等な成績で卒業。弁護士資格をもつ俊秀な法律家としての経歴をもっている。しかし、弁護士、裁判官の経歴があるのみの法律家である。

前文の成立過程の詳細な研究がほとんどないなかで、英米法学者の田中英夫の研究によれば、どうも実際はそれほど単純ではなかったようだ。田中によれば「前文と戦争放棄の条文の起草が、運営委員会のメンバーおよびホイットニー民政局長の間で進められたことは確実のようである」という（前掲『日本国憲法制定の過程Ⅰ　原文と翻訳』二四五頁）。

「運営委員会」は、起草にあたった数名の委員から成る小委員会――たとえば、天皇の章を担当する小委員会というように、草案の章別に小委員会を設け――その全体を統括する委員会である。運営委員会は、民政局次長のケーディスを中心にハッシーとマイロ・ラウエルという、いずれも弁護士出身の三人の法律家がメンバーであった。

けれど、前文と戦争放棄の条文の起草は、運営委員のメンバーおよびホイットニー民政局長であったとは、とても思えないのである。九条の戦争放棄条項はすでにほぼマッカーサーの案文そのものであったから、このメンバーが起草することもさして不可能ではなかったかもしれないが、先の平和主義の部分だけでも、それは前文の三分の一ぐらいの長さになる。改革が嵐のように進められた占領初期の、多忙極まりない民政局の幹部ばかりで、短時間に、こんな長文の文案を起草することができただろうか。

しかも、前文の案文は、きわめて哲学的、理念的、思想的かつ宗教的ですらある。およそ、戦争の放棄の九条とは対照的だ。もう一度、先に掲げた部分を再読していただきたい。「人間相互の関係を支配する崇高な理想を深く自覚する」とか、「平和を維持し、専制と隷従、圧迫と偏狭を地上から永遠に除去」するとか、あるいは「全世界の国民が、ひとしく恐怖と欠乏から免かれ、平和のうちに生存する権利を有することを確認する」などといった文章を、同時にいくつも他の政策に携わっていた軍人や法律家が起草したとは、著者にはとても想像できないのである。

確認しておきたいことは、GHQが九条を起草した段階では「平和」にまったく言及されていなかったこと、それに比べて前文は「平和」を、自然権を基本に思想的かつ宗教理念――キリスト教思想と言い換えてもいいのだが――に基づいているということである。

つまり、民政局の幹部が自ら起草したのではなく、キリスト者、あるいは平和主義者が素案を起草したと考えざるを得ないのである。著者は、日米のフレンド（普連土）派（クウェーカー教徒）の人々がかかわったのではないかと推測している。

というのは、GHQは、すでに前文起草の直前の一九四六年一月一日、つまり天皇が「人間宣言」を読み上げた日、その「人間宣言」は日本の文化をよく知る少数のアメリカ人が天皇の宣言の素案の作成に携わり、天皇自身も含めて日本側案文の起草にあたっていたのである。天皇が神ではないという「皇室の大事」を、マッカーサーや日本政府が国民に直接命令を発するよりも——素案の骨格をアメリカ人に作成させ、天皇の見解を加味して——詔書の形で天皇自身が国民に直接語りかけることの方が説得的であると考えたのである。結果的に天皇の「人間宣言」は、諸外国は言うまでもなく、日本国民にも好評であった（前掲『側近日誌』三三六頁以下。高橋紘による「解説」）。

こうした経験がGHQ案の前文の作成に生かされたと推測しうるのである。前文の起草過程はいまだ解明されていないが、案文作成者を特定することは、著者にとって当面の宿題である。

†忘れられた「森戸辰男論文」

鈴木義男とともに社会党に所属し、芦田と丁々発止の議論を重ねてきた論客の森戸辰男は、宮沢俊義が「憲法改正について」（本書第三章で詳述）を「改造」に寄稿するより二か月も早い一九四六年一月――まさに天皇が「人間宣言」を行った月――に「平和国家の建設」というタイトルの論文を書いている。

衆議院議員となった森戸が、憲法改正では鈴木義男とともに共同して論陣を張ったことは「第九十帝国議会」の項ですでに述べた。実は森戸は、高野岩三郎（統計学者、東大を去った後、当時は民間の組織であった大原社会問題研究所長になる）や鈴木安蔵とともに憲法研究会の同人になり憲法案を起草し、その後、議員になった。戦前のワイマール期のほぼ同時期に鈴木義男とともに、ドイツに留学していたこともあり、憲法の政府案の「生存権」「戦争放棄」の修正で活躍した。その後社会党を離れ、広島大学の学長や中央教育審議会の会長を長年務めた。

こういう経歴をもつ森戸の論文「平和国家の建設」は、宮沢論文「憲法改正について」で強調された「平和国家は国是」とは対照的に、「平和国家」を抽象的にではなく、きわめて具体的で他に類を見ないと言っていい内容のものであった。

森戸は、平和国家には「『戦争ができぬ』平和国家と『戦争を欲せぬ』平和国家とがある」とし、森戸は後者を選ぶ。それは「自己の発意と確信において平和を選び、国民の全道徳力をあげてその実現に努力する国家」であるとする。

そのためには以下の三つの要件が必要だと説くのである。要件の第一に「独立自由の国家」

をあげる。それは「すなわち、戦争を欲せぬ国は当然に、戦争の代わりに平和を選択する自由意思を持っていなければならぬ」とする。

そして第二に「平和の追求者」としての国家である。「すなわち、それは戦争ではなく平和が人間性に即した社会理想であり、史的発展の方向も亦その実現を指示していることを肯定するもの」であるとする。

最後に「この理想の実現がすでに現代において可能であることを確信し、且つ有効適切と信ぜられる施策施設によってその実現に努力することを意味する。すなわち、平和国家は理念的平和主義に留まることなく、実践的・方法論的平和主義に進出することによって、言い換えれば平和主義国家となることによって、始めて完全な平和国家となることができる」としている（森戸辰男「平和国家の建設」、「改造」一九四六年一月号、四〜七頁）。

この段階、つまり敗戦からわずか五か月で、このような「平和国家」を論じたものはいなかったであろう。

宮沢も森戸の後を追うように「平和国家」を唱えているが、森戸のそれとはまったく異なる。宮沢の「憲法改正について」は、「平和国家は国是」を憲法条文でどう表現するべきか、つぎのように述べている。

憲法が強い理想主義的な気運の中で作られると、憲法は非常に長く、詳しくなる傾向がある。反対に強い現実主義的な気運の中で作られると、それが非常に短く、簡単になる傾向がある。前者の規定はともするとあまりに理想に走りすぎて現実性を欠くとして実際的な法律家からは非難されるが、一般人の政治的感情に訴えるところが多い。これに反して後者の規定はあまりに現実的で一般人の政治的感情に訴えるところは少いが、実際的な法律家には賛成される。そして、諸国の憲法はこれら両者の性格を少しずつ持っている場合が多い。

……政治の大理想を天下に宣明し、政府がその実行の義務を有することを明文で確立しておくことは決して無意味ではない。ことに政治的の大改革に際してはそういったプログラム的規定を設けることに大きな効用がみとめられる（宮沢俊義「憲法改正について」、「改造」一九四六年三月号、二七頁〜二八頁）。

宮沢は、東京帝国大学憲法研究委員会の案でも「平和主義的理想を積極的に表明するような簡潔なものに改める」と起草している（本書第三章第二節）ことからも明確なように、理想主義的ではなく、「現実主義的で短く簡潔な」、しかも「プログラム規定」の条文の起草を望んでいたようだ。プログラム規定とは、政治的・道徳的規定で法的性格をもたず、裁判規範性もない規定を意味する。

結果的には、日本国憲法九条の条文は、宮沢の考え方が受け入れられ、森戸の考え方は——森戸がこの論文を書いた数年後に社会党を離れたこともあり——忘れられたばかりでなく、森戸自身も忘れたのであった。

森戸は、七〇年代の半ばにいたって、回想録を書いている。そこでは、かつて論文「平和国家の建設」を論じた、あるいは、すでに紹介した衆議院憲法改正特別委員会で主張した森戸とは思えない「回想」である。「(平和国家は) 日本の国民が積極的にこれを望んだわけではなく、占領軍の背後にある連合軍も必ずしもそう考えなかったと思われるのに、非武装平和国家が成立した」(『遍歴八十年』日本経済新聞社、一九七六年、一三二頁)。なんともやりきれない回想である。森戸とともに憲法改正特別委員会で活躍した芦田も森戸と同様に後論(本書第二章第五節)で紹介するごとく、前言を翻しているのである。

第四節　天皇制・沖縄そして九条

†本土に平和を、沖縄に基地を

マッカーサーは日本の統治にあたって、まず天皇制の存置を考えたが、これに対しては連合国の反対が強いことが予測された。したがって、天皇制の存置のみの憲法では連合国、なかでも極東委員会が納得するはずがないと考えたに違いない。

そこで、天皇がかつての明治憲法のごとく国家統治のあらゆる権限を有し（国家統治の総攬者）、戦争を遂行する権限を有する憲法をつくることは、天皇制の存置を不可能にする。それとは逆に、天皇がそうした権限をもたない憲法改正を一日も早く表明する必要があると考えたのであった。

そうした政策を単に宣言的あるいは命令的なものとするよりも国の最高法規である憲法改正という手段を用いて国の内外に闡明《せんめい》することによって、憲法によってであるから日本が一時的でなく、長期的な政策表明をしたと理解されると考えたのである。天皇が国政に対する権能を有せず、単なる象徴的存在になることは、連合国に天皇制の存置を受け入れやすくし、戦争の放棄は、東京裁判で天皇が戦争責任を免れる可能性を高め、連合国に受け入れられると考えたのであった。

しかし、ただ一点、難点が残っていた。マッカーサーからすれば、日本の安全をどう守るかという課題である。しかし、この点に関してマッカーサーは、あるいは米国の軍部は、日本占領以前に腹案をもっていた。それは沖縄の軍事基地化である。

沖縄は、一九四五年四月、米軍上陸と同時に発せられた「米海軍軍政府布告第一号」によって「すべての政治および管轄権」が米国海軍の下に置かれることになった。ここでは「日本帝国政府の総ての行政権の行使」が停止され、その後、八月に本土の戦闘が終結し、日本政府が降伏文書に調印した九月以降も、沖縄には日本政府の行政権は及ばなかったのである。

その後、米軍の最高決定機関である統合参謀本部（ＪＣＳ）は、早くも四五年一〇月時点で、「小笠原、沖縄を含む日本の旧委任統治領および中部太平洋の島嶼《とうしょ》を日本から切り離して、米国の排他的な戦略的統治の下に置くべきである」と決定していたのであった（我部政明『日米関係のなかの沖縄』三一書房、一九九六年、三九頁）。

そのため一九四五年一二月に成立した「改正衆議院議員選挙法」では、こともあろうに沖縄県民の選挙権は、――本土ではこの法律で「女性参政権」が付与されたにもかかわらず――停止されたのであった。女性参政権は、その二か月前にマッカーサーが「五大改革」を指令したことにもよるが、憲法で男女平等が盛り込まれる可能性も射程に入れていたと考えられる。

一九四六年四月の選挙は、改正された憲法の是非を決める選挙であったから、沖縄県民は、この憲法の是非を争う選挙の埒外《らちがい》に置かれたのであった。つまり、マッカーサーにとって「戦争の放棄」とは、沖縄に軍事要塞化を強い、本土のみに適用される憲法で「戦争の放棄」を可能にした、と見ることができる。一方で、沖縄の基地化こそ、本土における「平和と民主主義」の限界を示すものであった。

こうした沖縄観はマッカーサーのみならず、憲法施行直後に昭和天皇も宮内省御用掛の寺崎を通じて、次のようなメッセージをマッカーサーに送っている。「寺崎が述べるに天皇は、アメリカが沖縄を始め琉球の他の諸島を軍事占領し続けることを希望している。……天皇がさらに思うに、アメリカによる沖縄(と要請があり次第他の諸島嶼)の軍事占領は、日本に主権を残存させた形で、長期の――二五年から五〇年ないしそれ以上の――貸与をするという擬制の上になされるべきである(進藤榮一『分割された領土』岩波現代文庫、二〇〇二年、六六頁。文中の「寺崎」とは外交官で当時宮内省御用掛だった先述の寺崎英成)。

†沖縄の分離

これらを総括するがごとく、マッカーサー自身、憲法施行一年後の一九四八年五月に、日本の再軍備計画に向けてドレーパー米陸軍次官らが来日した際に、日本再軍備に反対して彼らに次のように話したという。

マッカーサーは、外部侵略から日本の領土を防衛しようとするならば、われわれは、陸・海軍よりまず空軍に依拠しなければならないと指摘した。彼は、沖縄に十分な空軍を維持するならば、外部からの攻撃に対し日本防衛は可能である、と述べた。……さらに彼は、沖縄は、敵の軍事力とウラジオストックからシンガポールに沿ってアジアの海岸線に存在する港湾施設とを破壊しうる強力かつ効果的な空軍作戦を準備するに十分な面積を保有していると指摘した。従って、沖縄の開発と駐留を順調に進めることによって、日本の本土に軍隊を維持することなく、外部の侵略に対し日本の安全を確保することができる、と述べた(Limited Rearmament for Japan, JCS 1380/48, 1948. この文書の意義については、古関彰一『「平和国家」日本の再検討』岩波現代文庫、二〇一三年、二二一頁)。

ここには、マッカーサーの本土の非武装化と沖縄の基地化構想が明確に表れている。日本国憲法制定以降、米国の対日政策によって沖縄の地位を巡る構想が転変するが、マッカーサーの沖縄分離構想は一貫していたと見ることができる。

マッカーサーは、日本国憲法が発効した直後、四七年八月に出された国務省の対日講和条約案に対して、国務長官あてに米国が沖縄を確保する必要性を、「この（琉球）諸島群の支配は、我々の太平洋前線防衛に絶対に不可欠であるため、米国に属さなければならない。……米国が支配確保に失敗すると、軍事的に悲惨なことになるであろう」と述べている。

さらに対日講和条約が大詰めを迎え、講和交渉のためにダレス使節団が来日した折、ダレスに対して「沖縄を日本に帰す必要はなく、もし返すのなら巨額の資金を軍事投資施設に使う意味がないと訴え」るべきだと提案している（前掲『サンフランシスコ平和条約の盲点』一六四頁）。

こうして、対日講和条約三条で、琉球諸島を含む諸島に対して、米国があらゆる権力行使の権限をもつと、表明することになったのである。

†「全国民」はどこへ――沖縄と憲法

国民代表を選出する、しかも憲法を審議するための代表を選出する議会で、ある選挙区の候補者だけが選挙権とともに被選挙権も奪われる、このようなことはまずありえないことだ。

しかも、沖縄県民は第二次大戦の最大の犠牲者であり、県民すべてが三か月もの地上戦を経験していた。選挙法改正の審議の時点は、一九四五年一二月で、いまだ帝国議会が存在し、沖縄の代表が衆議院議員として国会に議席をもっていた。沖縄選出の最後の議員の一人となる漢那憲和（元海軍少将）は選挙権が奪われるに及んでその不当性をこう訴えた。

帝国議会に於ける県民の代表を失うことは、其の福利擁護の上からも、又帝国臣民としての誇りと感情の上からも、洵《まこと》に言語に絶する痛恨事であります。此の度の戦争に於いて六十万の県民は出でて軍隊に召された者も、止まって郷土に耕す者も、各々其の職域に応じて奉公の誠を尽しました。沖縄作戦に於ては、男子は殆ど全部が陣地の構築は勿論のこと、或いは義勇軍を編成し或いは徴集せられて戦列に加わり、郷土防衛に全く軍隊同様に奮闘し、師範学校及び県立一中の生徒の如き全部玉砕して居ります。又婦女子も衛生隊、給與隊として挺身し、国民学校の児童達までも手榴弾を持って敵陣に斬り込んでおるのであります。……凡そ此の度の戦争に於て沖縄県の払いました犠牲は、其の質に於て恐らく全国第一ではありますまいか。此の県民の忠誠に対して、政府は県民の代表が帝国議会に於て失われんとするにたりまして、凡ゆる手段を尽し、之を防ぎ止めねばならぬと存じます（「第八十九回帝国議会衆議院議員選挙法中改正法律案外一件委員会議録――速記」第四回、一九四五年一二月七日、五五頁）。

この満身に怒りを込めた漢那の訴えに応えた本土の代議士は一人としていなかった。しかし、問題の所在はこれ以上であった。すでに述べたごとくこの選挙法改正を通じて女性参政権を盛り込んだ改正選挙法が成立し、総選挙が施行され、憲法の政府草案全文が発表された。政府草案の中にはつぎの一条があったのである。

第三九条　両議院は、全国民を代表する選挙された議員でこれを組織する。

日本国憲法では、四三条に該当するが、条文は政府草案と同様である。ここには、国民国家としては当然なことであるが、「有権者を代表する」とも「選挙区を代表する」とも書かれていなく、「全国民を代表する」とある。

国民代表の概念を憲法学者の宮沢俊義は、こう定義している。

「国民代表者が何人からも独立であることの結果として、ここで代表されるのは個々の国民ではなくて、全体としての国民だと考えられる。つまり、全体としての国民と国民代表者との関係がここに国民代表と呼ばれるものなのである」（宮沢俊義『憲法の原理』岩波書店、一九六七年、一九〇頁）

この憲法を審議する段階で、沖縄県民が「国民」であると考えれば、沖縄県民を除いて「全国民を代表する」議員の選挙を実施することは、沖縄ばかりでなくすべての全国の選挙区での選挙が実施できなくなると考える議員が出てこなかったことが不思議でならない。しかし議員ばかりか、憲法学者も政治学者も、現実の沖縄問題になにも発言していない。まさに沖縄県民は「全国民」ではないと判断して憲法三九条案（日本国憲法四三条）をつくったのであろうか。

当時は、今と違ってなにかと「国民」が議論の対象になることが多かった。とくに、国民と天皇の関係などはきわめて関心が高かった。そんな折、憲法学者で貴族院議員の宮沢俊義も、政治学者で貴族院議員の南原繁も、「国民」について多くを語ってきたが、「沖縄の民」についてはなにひとつ語っていないのである。さらにその後に、最初の国会で東京三区から衆議院議員になった、当時共産党の書記長でもあった徳田球一もいた。徳田は沖縄名護市の出身であった。

沖縄から見て日本国憲法は、沖縄県民をその出発点から論外の存在としてきたことになる。その後の沖縄の基地への本土の無関心ぶりの源泉も、この辺にあるのであろうか。

第五節　「芦田修正」とはなんだったのか

†憲法改正委員長として

芦田均は、衆議院の憲法改正委員会の終了にあたり、委員長として「世界が依然として偏狭な国家思想と、民族観念に囚われて居る限り、戦争原因は永久に除かれない」として、政府に対して「真に世界平和の理想に向って、民衆の思想感情を要請すること」を求めたことは、第三節「積極的な平和宣言を」で紹介したごとくである。

このような「世界平和の理想」が、その後も国民に向かって政治指導者や教育者を通じて行われてきていれば、歴史の流れもすっかり異なっていたに違いない。しかし、芦田自身がこの直後から、まさに「変身」を遂げる。

「変身」を考察する前に芦田の横顔を紹介しておきたい。芦田均は一八八七（明治二〇）年に京都府に生まれた。外交官となり、欧州諸国の大使館に勤務した後、一九三二年に政界入りし、衆議院議員となる。

戦後、自由党に所属し、幣原喜重郎内閣で厚生大臣となり、GHQ案受け入れの際の閣僚の一人。第九十帝国議会では「帝国憲法改正特別委員会」の委員長を務める。芦田自身この役に誇りをもっていたようだ。当時、法制局事務官を務め、のちに憲法学者になる佐藤功はこう回想している。「委員長としての芦田さんは颯爽として、また手際よく会議を主宰されていた。まさに名委員長であったといえよう。芦田さん自身、このポストに満足し、誇りとしていたようであった」（佐藤功「制憲過程における芦田さんの思い出」、「図書」一九八六年二月号、一三頁）。芦田のカバンの裏側には「憲法改正記念」と書かれていたという。

一九四七年自由党を離党し、民主党を結成し、党総裁となる。片山哲内閣で外務大臣となり、片山内閣総辞職のあとの一九四八年三月に首相となるが、昭和電工疑獄事件でわずか七か月後に辞職した。

一九五五年、民主党は自由党と併合し、芦田も自由民主党に所属。芦田は、民主党時代から憲法改正論者として知られ、また、常に日記と手帳をもって記録していた「メモ魔」との評もあり、一九五九（昭和三四）年没後『芦田均日記』（全七巻、岩波書店、一九八六年）が刊行されている。

そもそも、事の発端は、日本国憲法が公布された、一九四六年一一月三日、まさにこの日を選んで、芦田が自書『新憲法解釈』（ダイヤモンド社）を刊行したことにある。その内容は、憲法九条一項と二項にかかわるので、まず再掲する。

憲法九条一項が、「日本国民は、正義と秩序を基調とする国際平和を誠実に希求し、国権の発動たる戦争と、武力による威嚇又は武力の行使は、国際紛争を解決する手段としては、永久にこれを放棄する」と規定し、二項では「前項の目的を達するため、陸海空軍その他の戦力は、これを保持しない」と定めている。

芦田は、衆議院憲法改正委員会の小委員会で、委員長として、一項の「国際紛争を解決する手段としては」という部分と、二項の「前項の目的を達するため」の部分を付加修正した。

それは、戦争の放棄とは、単なる放棄ではなく「国際紛争を解決する手段としては」であるから、つまりそれは「侵略戦争」の放棄を意味する修正と解される。言いかえれば一項の「戦争の放棄」は「自衛戦争」は放棄していないことになる。そして、二項に「前項の目的を達するため」を加えたことにより、そのあとの「陸海空軍その他の戦力は、これを保持しない」とは、「侵略戦争」という「目的」を達するための「戦力」は保持しないこと、逆に言えば、自衛戦争のための「陸海空軍その他の戦力」は保持し得ると解することができる（自衛戦力合憲論）としたのである。

しかし、この芦田の書物は、講和条約発効直後——一九五三年あるいは五四年頃まで——は、ほとんど世に知られる存在ではなかった。この芦田の付加修正が「芦田修正」として耳目を集めたのは、芦田自身が新聞等に書き、証言し始めた五四年から五五年頃からである。それはまさに、五四年に自衛隊が設置され、五五年に自民党が結成され、憲法改正が叫ばれ始めた頃であった。

しかし、その頃芦田は、この「芦田修正」を行った修正理由は衆議院の議事録に書いてある、あるいは自身の「日記」に書いてあるが、議事録は非公開——当時は「秘密会」と言われた——で、日記も公表するつもりはないとしていた（たとえば、「東京新聞」一九七九年三月一二日付）。従って、「芦田修正」とは、芦田自身が述べるような「修正理由」内容であったと、長い間万人周知の事実とされてきたのである。

†秘密議事録に芦田修正はなかった

ところが、芦田の没後刊行された『芦田均日記』の「芦田修正」前後の日記には、そのような内容の記述はなかった。さらに、戦後五〇年にあたる一九九五年にそれまで秘密扱いであった憲法改正小委員会の『議事録』が公開されたが、修正理由はまったく違っていた。芦田が中心となって修正されたことは、はっきりしたが、芦田が従来主張してきた内容とはまったく異なっていたのだった。二項に「前項の目的を達するため」と書いたのは、一項と同様に「日本国民は、正義と秩序を基調とする国際平和を誠実に希求し」と二項でも書くとくどいので、一項との重複を避けるために、「前項の目的を達するため」とした、とあるのみであった。

以上の事実に関し、さまざまな評価があるが、まず、日記はともかく、議事録に書かれていないことは重大である。当時は議事録が英訳されてGHQに送られていたので、自衛戦力を合憲とすると解されることがGHQに知られることを恐れて記載しなかったのではないかとの見方もあったが、それはありえないだろう。

というのは、議事録を読んでみると、たしかに英訳された議事録は、原文から四一か所削除されているが、その一方で、GHQ批判の発言は多々あり、そうした発言もそのまま議事録に残されているからである。議事録を読んだGHQが日本側に訂正を申し入れた場合もあるし(たとえば政府案の「至高」を「主権」にするなど)、逆にGHQ案にない条項(たとえば、「生存権」)をあっさり受け入れた場合もあるのである。

たしかに、芦田が小委員会での修正で自衛戦力を合憲にしようという意図を内心もっていたことは、ありうるように考えられる。というのは、憲法公布のその日に、『新憲法解釈』という自衛戦力合憲論の書物を出版している（一九四六年一一月三日発行、「はしがき」には、「十月下旬　著者」とある）。同書では、「第九条の規定する精神は、人類進歩の過程に於て明かに一新時期を画するものであって、我等が之を中外に宣言するに当たり、日本国民が他の列強に魁《さきがけ》て、正義と秩序を基調とする平和の世界を創造する熱意あることを的確に表明せんとする趣意に外ならぬのである」と述べた後、以下のように続けている。

第九条の規定が戦争と武力行使と武力による威嚇を放棄したことは、国際紛争の解決手段たる場合であって、これを実際の場合に適用すれば、侵略戦争ということになる。従って自衛のための戦争と武力行使はこの条項によって放棄されたのではない。又侵略に対して制裁を加える場合の戦争もこの条文の適用以外である。

これが、自衛戦力合憲論の根拠であり、芦田の最終的な九条解釈だと考えられてきているが、実はその後に芦田は、自衛戦力合憲論を上梓した後に、自衛戦力合憲論とは逆の見解も述べているのである。芦田の著書が憲法公布日に出版された後、施行日の一九四七年五月三日には、憲法改正記念刊行会発行の『日本国憲法制定史』（非売品）が刊行されている。ここでは、芦田衆議院憲法改正特別委員長はもとより、吉田茂首相、両院議長も「序」を書いている。

芦田は、世界を覆うみじめな戦災の惨状を述べた後で、「戦争放棄」を起草した根源に触れてこう述べているのである。

だがそれは、ひとり日本の姿ばかりではない。勝利を得たイギリスにも、ウクライナの平野にも、揚子江の柳のかげにも、同じ悲嘆の叫びは聞かれるのである。この人類の悲嘆と、社会の荒廃とをじっとみつめて、そこに人類共通の根本問題が横たわることは何人の目にも明らかである。そしてかかる共通の熱望を煎じつめたものは、戦争の放棄と、より高き文化への欲求と、より良き生活への願望とである。それが期せずして憲法改正の衝動となったことは疑うべくもない。

この『制定史』は、「序」の執筆陣を見ても事実上の公式文書と考えられるが、ここには「自衛戦力合憲論」は、姿かたちも見当たらない。

しかし、議事録には残さず、憲法が公布された段階の自書『新憲法解釈』で自衛戦力合憲論を書いたのは、GHQを恐れた云々などよりもほかに理由があったのである。すでに本書で紹介したごとく、自ら「憲法九条は戦争を全面的に否定している」、あるいは絶対平和主義を絶賛している発言を他の議員以上に、積極的に発言をしていること。あるいは政府側閣僚や社会党はじめ諸野党も議事録での芦田の発言内容を承知していること。さらには議事録のごとき発言を議会開会中はもとより、憲法公布後も公表しており、それとは異なる見解を著書などで大々的に公表することは自己の面目にかけてもできなかったのではないか。

当時審議に加わっていた一方の当事者、金森徳次郎憲法担当大臣の子息の回想では、「芦田氏は後に、これは自衛のためには軍隊が持てるという意味だと解釈して父を憤慨させた。芦田氏は本会議ではそのようなことは何もいっていない。父は戦力を持たないのはあらゆる場合にあてはまると解釈していた」とある（金森久雄『エコノミストの腕前――私の履歴書』日本経済新聞社、二〇〇五年）。

「芦田修正」とは、議事録に残っている修正の事実のみ、つまり、「重複を避けるため」という修正のみを正当だと解し、自衛戦力合憲の解釈は含まれないと考えることが正当だと著者は考えるのである。なぜならば、「国権の最高機関」であり「唯一の立法機関」（憲法四一条）が作成した議事録に残っている内容こそが立法者の意思であり、法的拘束力があると考えるからである。

それにしても、議会で「芦田修正」がなされた直後、海の向こうのワシントンに設置された連合国の日本占領の政策決定にあたる極東委員会では、中国――当時は「中華民国」であったが――の中国代表は九条修正を知って、日本が「九条の目的以外の目的」で「自衛のために実質的に陸海空軍を許す」可能性を考え、ダメ押しとして「国務大臣は文民でなければならない」とする、文民条項を追加するように、GHQに要請していたことに驚きを感ずるのである（前掲『日本国憲法の誕生』三〇四頁）。

日本のあまたの国会議員がこうした「芦田修正」の狡猾な修正にまったく気付かなかったにもかかわらず、である。足を踏んだ人は踏んだことをすぐ忘れるが、踏まれた人はいつまで経っても忘れない、とも言われるが、さしもと思わずにはいられない。

†芦田修正のいま

この「自衛戦力合憲論」が、自衛隊合憲論の根拠規定になっているとよく誤解されるが、そうではなく自衛隊が創設された一九五四年に政府が行った解釈は、自衛隊は憲法九条二項が禁じる「戦力」に該当せず、「必要最小限の実力」であり、従って自衛隊を合憲としているのである。なんとも「三百代言」だが、しかし長年にわたって則《のり》を超えられなかったのである。いまだに自衛隊は「実力」であり「戦力」ではない。

こうした九条のもつ知的緊張関係は、長い間続いてきたように思っていたが、最近はそうでもなくボケボケのようである。

民主党が政権につき、野《や》に下った自民党の「安全保障のスペシャリスト」石破茂元防衛大臣は、民主党の田中直紀防衛大臣に、「芦田修正の意味は?」と質し、答えられない田中に向かって、芦田修正とは自衛のための戦争を可能にし、自衛隊合憲の根拠になったのだ、と教え諭したという(「朝日新聞」二〇一二年二月三日付)。

「スペシャリスト」とは、こんな程度の知識の持ち主かと思ってしまう。その数日後の読売新聞では、調査研究本部主任研究員の勝股秀通が「それは勘違いだ」と見事に反論している(「読売新聞」二〇一二年二月八日付)。一方、朝日新聞の主筆は、石破見解をそのまま受け入れて、田中・石破の議論をこともあろうに「議論に耐えられぬ惨状」と論じた(「朝日新聞」二〇一二年二月五日付)。

これぞなんとも、七〇年目の「平和国家の惨状」である。かの議会で政府の九条案を修正するよう「平和の理想」を唱えた芦田の姿など遠い世界に置き忘れ——実際の「芦田修正」の事実も知らず——自衛戦力合憲論を説く政治家・政治記者たち。これぞ平和憲法が音を立てて崩れゆく「惨状」なのだ。

第三章
知られざる「平和憲法」

チャールズ・ケーディス（1993年10月、マサチューセッツ州ヒースの自宅で、著者撮影）

第一節　戦後憲法への模索

†戦後憲法の出発

ここまでの内容で確認しておきたいことは、九条の案が議会に上程された後、政府の閣僚、衆議院の委員会、社会党の修正提案を通じて、平和条項が加えられたことである。

ＧＨＱ案にも政府案にもこの「平和条項」はなかった。しかし、それは単に政治家の思い付きだったとは考えにくい。その修正は「日本国民は、正義と秩序を基調とする国際平和を誠実に希求し」という、文字数からは小さな修正であったが、「国際平和」という言葉によって、日本国憲法に新たな顔を加える大きな意味をもったのである。本章では「平和主義」の修正がなされるに至る「平和憲法の深層」の過程を解明したい。

憲法学者の宮沢俊義は、一九四五年九月二八日に外務省で、「『ポツダム』宣言に基く憲法、同付属法令改正要点」と題する演題の講演を行っている。ここで宮沢は「民主的傾向の助成に関連する事項」として「帝国憲法は民主主義を否定するものに非ず」と述べ、また「軍隊の解消に伴い改正を要する事項」として、「統帥権の独立という事象の消滅は従来日本の政治に根本的特色を与えたる制度の消滅丈にその実質的、政治的に影響する処極めて大なるべし」「憲法の改正を軽々に実施するは不可なり」「現代の女子参政権は反対なり」と述べた（外務省外交文書「戦後記録」帝国憲法改正）。毎日新聞でも同様の見解を述べている（一〇月一九日）、美濃部達吉も「朝日新聞」（一〇月二〇〜二二日）の論説で「形式的な憲法の条文の改正は必ずしも絶対の必要ではなく、……法令の改正及びその運用により、これを実現することが十分可能であることを信ずる……随って少なくとも現在の問題としては、憲法の改正はこれを避けることを切望して止まないのである」と述べていた。

当時の指導的憲法学者——宮沢や美濃部など——は、明治憲法の改正には、否定的であった。それればかりか、宮沢とともに後に憲法改正にあたり、国民に大きな影響力を発揮する金森徳次郎は——いくらか後のことになるが——いまだGHQの影響が憲法改正問題に現れない時点の一九四六年二月に出した著書『日本憲法民主化の焦点』（協同書房）で、「私自身としては、確信的に信仰的に——合理論を超越して——此の国体の原理を尊重すること我々の先人例えば本居宣長と同様である」と書いている。これが一九三〇年代当時の法制局長官であり、のちの吉田内閣で憲法問題担当大臣を務める権威ある学者の見解であった。それはまた、これら日本を代表する憲法学者が、この戦争を決して「敗戦」とは考えず、「終戦」と見てきたことをも意味していたといえよう。

しかし、本書第四章で詳述する鈴木安蔵は、上記のような憲法学者を痛烈に批判している。

「いまなお日本の憲法そのものは民主主義的である、今日までの軍部、官僚の専制警察憲兵の悪政がなされたのは、憲法の解釈、運用を誤ったからである、この解釈運用さえ改め、悪法令さえ廃止するならば、現行憲法はそのままでも民主主義は実現できるといっている人々もいる。果たしてそうであろうか。かりに一歩ゆずって、日本憲法そのものは決して封建的専制主義のものではないとしても、そのような誤った解釈や運用を生ぜしめる間隙、欠陥のある憲法は、そのような悪法令、悪制度を存在せしめたところの憲法は、すでにそれだけで今日、根本的に改正されねばならないことは明白である」（鈴木安蔵『民主憲法の構想』光文新書、一九四六年、六〜七頁）

鈴木はその後も当時の「専門的な憲法学者たちが、憲法改正について、また『国体』、天皇制について、きわめて慎重、というよりは消極的保守的であった」と指摘している（前掲『憲法制定前後』一二六頁）。

鈴木らが憲法草案である「憲法研究会案」を発表したのは、この書物が刊行される前後である。その憲法草案の内容とGHQ案に与えた影響についても、本書第四章で紹介するが、鈴木のような憲法への展望をもっていた識者は、当時も多くはなかったのである。

†宮沢俊義案の内容

こうした流れのなかで、近衛文麿が昭和天皇の御用掛として、憲法学者の佐々木惣一やアメリカ政治思想学者の高木八尺を携えて明治憲法の改正に取り掛かるが、近衛が戦争犯罪人の容疑者に指定されるなかで、政府の憲法問題調査委員会が「調査」から「改正」へと目的を変更して、改正案の審議がすすめられた。

この委員会は、委員長が松本烝治国務大臣であったため、通称「松本委員会」と呼ばれてきたことは、本書ですでに何度か紹介したごとくである。その委員の一人に、といっても事実上、松本の右腕ともいうべき委員に宮沢がいた。それは、松本自身は商法の専門家であるから、松本とほぼ同年代の美濃部が委員会の顧問につき、美濃部の弟子筋にあたる宮沢が有力な委員を務めることになっても不思議ではない。

ところが、宮沢自身はこの憲法問題調査委員会やそこでつくられた憲法案について、その後あまりその経緯を語ろうとしていない。

たとえば、宮沢の死後に出された追悼企画の雑誌の座談会「宮沢憲法学の全体像」（「ジュリスト」一九七七年三月二六日号、一四一頁）で、弟子筋にあたる久保田きぬ子は、「(宮沢先生は)松本委員会には途中からあまり熱心に行かなくなったので、自分は名前だけであるという意味のことを（かつて）おっしゃったのですが」と発言している。

こうした宮沢の言動は、さまざまなところで仄聞《そくぶん》されてきたが、まず、松本委員会での宮沢の役割をはっきりさせたい。法制局参事官で松本委員会の補助員として松本案の起草にかかわってきた憲法学者の佐藤功の証言によれば、松本の起草した甲案のようにほとんど明治憲法と大差ない案では「だめなんじゃあないかというような議論が出てきました。そこで改正点の多い大規模な改正案も用意しようではないかということになり、それが例の甲案、乙案の二案のうちの乙案となったもので、これは実際上は宮沢先生の案なのです」ということである（佐藤功ほか「座談会・宮沢俊義先生の人と学問」、「ジュリスト」一九七七年三月二六日号、一四一頁）。

この点に関して、二〇一四年九月初めに宮内庁編による「昭和天皇実録」が公表されたが、その公開文書によると、松本は、いわゆる甲案（憲法改正草案要綱）を一九四六年二月七日に、昭和天皇に拝謁し二時間にわたって説明している。そこで松本は「憲法改正草案要綱」である「『憲法改正私案』を、憲法問題調査委員会委員の東京帝国大学教授の宮沢俊義が要綱化し、さらに松本自身が加筆した」と述べ、一方「『改正案』（上記、佐藤功の言う「乙案」のこと。著者の付加註）は、憲法問題調査委員会総会における各種意見を取り入れ、宮沢及び法制局次長入江俊郎と法制局第一部長佐藤達夫によってまとめられた、より広範囲な改正案である」と述べているのである。

そこで、その乙案の最初の部分である天皇の地位に関する部分を紹介してみたい。

甲案が、明治憲法の一条から三条まではまったく改正しない案であったことに対して、乙案は、一条をA〜D案の四つを併記している。

（A案）第一条　日本国は万世一系の天皇統治権を総攬し此の憲法の条規に依り之を行う

（B案）第一条　日本国の統治権は万世一系の天皇之を総攬し此の憲法の条規に依り之を行う

（C案）第一条　日本国は君主国とし万世一系の天皇を以て君主とす

（D案）第一条　日本国は万世一系の天皇之に君臨す

とあるが、そもそも甲案は明治憲法第一条が、「第一条　大日本帝国は万世一系の天皇之を統治す」とまったく変えないままであったから、乙案の四案のどこをどうとってもさして変更がないのも同然であった。

三条は、明治憲法三条が「天皇は神聖にして侵すべからず」とあるのを、甲案は「天皇は至尊にして侵すべからず」と改正する案であったのに対し、乙案は、

（A案）第三条　天皇は統治権を行うに付責に任ずることなし

（B案）第三条　天皇は国の元首にして侵すべからず

（C案）第三条　天皇の一身は侵すべからず

とし、いずれも明治憲法の「天皇は神聖にして」の部分だけを削除している内容にすぎない。

たしかに、三条B案は、兵役の義務規定や非常大権を全面削除したり、信教に自由規定の「臣民たるの義務に背か」ずの限定部分を削除したりしているので、「A案よりも大幅修正」と言われるが、それは単に比較の問題であって、やはりきわめて保守的な案だと言わざるを得ないだろう。

†「平和国家」の出現

こうして見てくると、宮沢が松本委員会に、しかも乙案の起草という重要なかかわりをもっていたことは明白であろう。しかし事はそればかりでなく、GHQ案が日本政府側に手交され、それを元に作成された「憲法改正草案要綱」が発表された直後に、宮沢は当時広く読まれていた総合雑誌「改造」(一九四六年三月号)に「憲法改正について」を発表し――この論文の内容については、これからもたびたび引用させていただくことになる――上記の宮沢が起草した「憲法改正案」(乙案)とはまったく異なる構想を、しかもGHQ案を先取りしたごとく、「平和国家」の必要性を説いていたのである。

そのきっかけは、宮沢の後継者の小林直樹との対談「明治憲法から新憲法へ」(『昭和思想史への証言』毎日新聞社、一九六八年)のなかで、小林からの疑問に答えて宮沢はこう答えたことによっている。ここで宮沢は「たぶん二月の下旬」頃に「当時の閣僚の一人」から「マッカーサー草案」を示されたように思うといわれ、「改造」に発表した論文については、「私自身、マッカーサー草案の第九条（「戦争の放棄」条項の意。草案段階では「第八条」であった。著者古関の註）と無関係だと見ることはむずかしいでしょう」と述べたのである（一六九頁）。

文中に出てきた「『改造』に発表した論文」は、「憲法改正について」のことである。小林との対談で、「マッカーサー草案の第九条と無関係だと見ることはむずかしい」と発言していたこともあり、その小林との対談の翌年に出版された論文集『憲法と天皇』（東京大学出版会、一九六九年）の「はしがき」で、以下のように述べている。かなり長い引用になるが、しばし宮沢自身の「記憶」に耳を傾けていただきたい。

（法制局で憲法改正作業に大きな役割を果たした）佐藤達夫氏は、その『日本国憲法成立史』で、わたしの右の論文（「改造」にのった「憲法改正について」）が永久非武装を説いている点に注目し、「何かの事情でマカアサア草案のことを知った上での記述かとも思われる」と推測している（同二巻、九二七頁）。いちおうもっともな推測であるが、実は、わたしの記憶に頼るかぎり、この推測は必ずしもあたっていない。

わたしの右の論文が政府の憲法草案発表（三月六日）以前に書かれたことは確かと思われる……。問題は、それを書いたとき、わたしがマカアサア草案の非武装の規定の存在を知っていた、それを頭に入れて書いたかどうか、である。

わたしは、マカアサア草案の存在を、政府の草案が発表される直前に知った。おそらく三月のはじめであり、どう早くても二月末のことである。しかも、わたしはその英語のテクストを一分ほど手にしただけで、それをていねいに読む時間はもたなかった。その中味で気がついたのは、第一条の国民主権の規定だけだった。そしてその規定を見て閣僚たちがあわてていることを知った。非武装の規定の存在には、そのときには気づかず、後に政府の草案ではじめて知った。……

これがわたしの記憶である。……

ところで、それならば、右の論文の「日本は永久に全く軍備を持たぬ国家……として立って行く……覚悟が必要ではないか」という、あたかもマカアサア草案を先どりしたような文章は、どうして書かれたのだろうか。こういう疑問が当然に起こる。わたし自身は、松本委員会(憲法問題調査会)席上でのいろいろな議論のうちから、そういう非武装論が生まれたのではないか、と推測している。どうも、そう推測するよりほかしかたがないし、事実、松本委員会では、そういう点が熱心に論議された。

しかし、これはどこまでも現在でのわたしの記憶にもとづいた推測である。わたしが政府草案の発表の直前にマカアサア草案を、ほんの一瞬とはいえ、見たことは事実であるから、その際非武装の規定が目に入り、それがわたしの意識の底に潜んでいたのではないか。こういう推測が当然に成りたつ。そこで、わたし自身もそういう可能性をじゅうぶんに考えてみたのであるが、もしそうとすれば、そういう重要な事実を、いかなるわたしとしても、すっかり忘れてしまうとは、とうてい考えられないようにおもう。

いずれにせよ、わたしの――おそらく不たしかな――記憶に頼るかぎり、事情は、およそかようなものだったとおもわれる（括弧内は著者古関の註記）。

この著書そのものは当時かなりの読者に知られていた論文集だと思われるが、論文の内容とは必ずしも関連性がない「はしがき」ということもあり、ここでの内容は従来さほど知られていなかったのではないかと思われる。

なんとも「おそらく」や「記憶」、「推測」が多い文章であるが、問題は「非武装規定」を「ほんの一瞬とはいえ、見たことは事実」で、時期は「早くても二月末」「おそらく三月のはじめ」ということは否定していないので、読者の記憶に留めておいていただきたい。

†江藤淳の慧眼《けいがん》

実は、宮沢がＧＨＱ案（ここで言う「マカアサア草案」）をいつ知ったのか、ということは憲法制定過程において重大な問題であり、なかでも文芸評論家の江藤淳がかなり激しい表現で宮沢批判をしたこともあって、八〇年代にはそれなりに話題になった。

著者は、宮沢問題について気にはなっていたが、江藤が、それ以前からGHQの検閲問題を取り上げて、占領期を「暗い谷間」であったと戦後民主主義を一方的に批判し、「タブー」「禁圧」などの巧みなレトリックを駆使した攻撃的な語調が目に付いていたこともあり、あるいは宮沢に対しても「改造」に載せた論文「憲法改正について」は「決定的転向声明」であると決めつけ、憲法改正の正当性を主張していたこともあって内容の検討を避けてきたのであった。

しかし、いろいろ文献をあたってみると――宮沢の『憲法と天皇』の「はしがき」を江藤はその当時読んでいなかったと思われるが――先の「はしがき」も含め、宮沢の役割は憲法制定過程の文脈の中で重要な意味をもち、そこに注目した江藤の慧眼に眼を覚まされたのであった。さらに江藤が『一九四六年憲法――その拘束』（初出は「諸君！」一九八〇年八月号、のちに文藝春秋から同年刊行）で憲法九条二項は「主権制限条項」だと指摘したことを知って、改めて検討しなければならないと考えたのである。

この宮沢案（乙案）を知って、三月六日発表のGHQ案を基にした政府の「憲法改正草案要綱」を見れば、その違いは明白であり、この間に宮沢の憲法改正構想は憲法改正草案要綱によって完全に否定されたと考えざるを得ない。たとえば、「草案要綱」の「第一　天皇は日本国民の総意に基き日本国及その国民統合の象徴たるべきこと」とあり、乙案の第三条にある内容にかかわる条文は草案要綱にはまったく存在しない。

宮沢案（乙案）と憲法改正草案要綱とを比較してみると、当然のこととして宮沢になにがあったのかと訝《いぶか》しがっても不思議ではない。ところが宮沢は、すでに紹介したごとく、憲法改正草案要綱が三月六日に発表されると同時か、それより早いと思われる段階で雑誌「改造」（奥付は「三月一日発行」）に「憲法改正について」という論文を書いている。全文八頁ほどである。論文の要所を紹介してみよう（傍点は原著者宮沢のものである）。

政府も憲法改正を天下に公約している。この稿の世に出る頃にはもう政府の改正案の内容も公にせられていることであろう。……

このたびの憲法改正の理念は一言でいえば平和国家の建設ということであろうとおもう。ポツダム宣言で日本は「平和的傾向を有する責任政府」を樹立すべく要求せられている。しかし、かりにそういう要求が為されていないにしても、日本を再建する路は平和国家の建設をおいてはないのだということを銘記すべきである。そして、憲法改正は専らこの理念にもとづいて為されなくてはならない。

たとえば、憲法改正において軍に関する規定をどう扱うべきかの問題を考えてみる。

現在は軍は解消したが、永久にそうだというわけではないから、軍に関する規定はそのまま存置すべきだという意見もあり得よう。しかし、日本を真の平和国家として再建して行こうという理想に徹すれば、現在の軍の解消を以て単に一時的な現象とせず日本は永久に全く軍備をもたぬ国家――それのみが真の平和国家である――として立って行くのだという大方針を確立する覚悟が必要ではないかとおもう。

宮沢の憲法改正案（乙案）は、国民には公表されていなかったので、当時は改正案と論文との比較はできなかったのであるが、この宮沢の論文は「平和国家の建設」に傍点を振り、ときに「平和国家の再建」を説き、あるいはそれを「理想」とし、「平和国家を確立する覚悟」といった、なんとも勇ましい文章である。

この宮沢論文を見て、江藤は「少なくとも宮沢教授は（GHQ案が政府に手交された）二月一三日前後に、『何らかの事情でマッカーサー草案』（傍点は引用者の江藤）を入手する機会を得、それにもとづいてこの論文を執筆したと考えなければ、どうしても辻褄が合わないのである」と書いた（江藤淳「解説」、江藤淳編『占領史録　第3巻――憲法制定経過』講談社、一九八二年、四〇〇頁）。

たしかに、この時点で「平和国家」などということは政治家も、学者も、いわんや官僚も、誰しも言ったり書いたりしていないのであるから、「マッカーサー草案を入手する機会」がなければ、こんなことを執筆できるはずがないと考えても不思議ではない。

しかも、「マッカーサー草案」（GHQ案）の前文には「平和」という言葉はあるが、「戦争の放棄」には平和すら書かれていない。いわんや「平和国家」はどこにも見当たらない。ではこの「平和国家」は、どこから来たのであろうか。

†再び昭和天皇の勅語

一九四五年九月二日、降伏文書に調印して、連合国に対しポツダム宣言を受け入れた。その翌々日の四日、帝国議会が開会され、昭和天皇は勅語を発している。改めて確認いただきたいことだが、敗戦の決定を公表した八月一五日からわずか半月のことである。

そのなかで昭和天皇は、帝国議会でこう宣言した。「朕は終戦に伴う幾多の艱苦《かんく》を克服し国体の精華を発揮して信義を世界に布《し》き平和国家を確立して人類の文化に寄与せんことを冀《こいねが》い日夜軫念《しんねん》措かず」。

なんと「平和国家」は、昭和天皇によって先取りされていたのである。憲法制定過程を調べていてなにかと気付くことであるが、論文であれ、ノンフィクションであれ、詔書や勅語（詔勅）を、その時点では時事的に大きく扱うが、歴史的にはなんら位置づけていないということである。いまの日本国憲法と違って、当時は明治憲法のもとでは天皇は大元帥のみならず、統治権の総攬者＝主権者でもあったのである。

この時点で、朝日新聞は一面最上段に「平和国家を確立」と題する社説を掲げ、「精神に生きよう。文化に生きよう。学問に、宗教に、道義に生きよう。……これが詐《いつ》わらざる日本人の心理であり、新日本の真姿である。開院式の御垂示に「平和国家」と宣《のたも》うた。然《しか》り、平和国家の平和なるみ民として、断じて敗るることなき文化と精神の大道を歩みだそうとしているのだ」と（一九四五年九月五日付）。

敗戦という停戦状態からわずか半月しか経っていない時である。なんとも素早い決断に仰天させられるが、評価は他紙も同様である。読売新聞は「平和国家確立の大業に」と、一面最上段に（「讀賣報知」九月五日付）、毎日新聞はそれほどではないが「平和国家の確立へ」の見出しで一面（九月五日）だ。いずれも「平和国家」を強調している。

宮沢がこの勅語報道を見て、これをヒントにしたかどうかは不明である。ただ、GHQ案の「戦争の放棄」条項には、すでに述べたごとく「平和」などまったく書かれていなかったのだ。

第二節　東京帝国大学憲法研究委員会の発足

†GHQ案の翌日に委員会を設置

一九四六年二月一三日、外務大臣官舎で吉田茂外務大臣、松本烝治国務大臣と通訳の白洲次郎、長谷川元吉が、GHQのホイットニー民政局長、ケーディス民政局次長らから「マッカーサー草案」とか「GHQ案」と呼ばれる憲法案を手交された。このGHQ案が閣僚に示されたのは、つぎの閣議が開催された一九日であり、この間、GHQ案の内容を知っていたのは、閣僚の中で上記の吉田、松本を除いて幣原首相のみではなかったかと考えられる。

ところが、驚くべきことに、南原繁東京帝国大学総長の『著作集』を読んでみると、つぎのような記述が出てくるのである。

「終戦の年の暮、私が東大総長に就任して、翌年二月、憲法改正必至の状況に照らして、その方面の専門家や碩学を擁する大学としては、その際の参考に供するために、問題を研究する必要と考え、関係諸教授と協議して、大学内に『憲法研究委員会』を設けた。委員長は宮沢俊義教授、委員は、法学部から高木・我妻・横田教授等……すべて二十人」（『南原繁著作集　第九巻』岩波書店、一九七三年、一二四〜一二五頁）

しかし、委員会の設置は「二月」とあるだけであるので、もう少し確かな日付がわからないかと調べたところ、なんと先に挙げた委員の一人だった民法学者の我妻栄が「知られざる憲法討議——制定時における東京帝国大学憲法研究委員会報告書をめぐって」という論文を書いているではないか（『世界』一九六二年八月号）。それを見るとさらに驚くべきことに、委員会の設置は、「終戦の翌年（昭和二一年）の二月一四日、当時の東京帝国大学総長南原繁は、学内に『憲法研究委員会』を設けた」（我妻の同上論文は、憲法問題研究会編『憲法と私たち』岩波新書、一九六三年、二六頁）というのである。二月一四日といえば、ＧＨＱ案が政府側に手交された翌日ではないか。

南原著作集では、「問題を研究するを必要と考え」と、南原が委員会を設けたと書かれているが、南原が任命した宮沢俊義は、「どう早くても二月末」——二月一四日と較べるといくらか違いはあるが——先に引用した論文「憲法改正について」で「わたし（宮沢）が政府草案の発表の直前にマカアサア草案を、ほんの一瞬とはいえ、見たことは事実である」と述べており、これから紹介する委員会報告の内容とＧＨＱ草案の内容は極めて近いのである。

さらに、手交されたＧＨＱ案をすぐ手にできたのは、先の二人の「閣僚」と、ＧＨＱとの会談から帰ってくる二人の閣僚を待っていた幣原首相、二人の通訳だけと考えざるを得ない。幣原はじめ、吉田にしても松本にしても、あまりにも「唐突に出現」したGHQ案にショックだったにちがいない。閣僚にはこの事実を伝えず、なんと閣議開催の一九日まで一週間、一度も開いていないのである。

ところが、GHQとの会談は二月一三日の午前一一時半に終了し、松本らがGHQ案を受け取ったのであるが、その一方、翌一四日（時間は不明だが）には、東大総長は「憲法研究委員会」を設置していたのである。

以後は、著者の推論である。そうだとすれば、GHQ案を持ち帰った一人は松本であるが、その松本と憲法改正案を起草してきた宮沢が松本からGHQ案を受け取ったと推論しても不当ではないであろう。GHQは、二月一三日に、日本政府が閣議ですぐ審議できるように、GHQ案を日本側に二〇部も手交している（コピーのない時代である。閣議ですぐ審議できるようにGHQは三枚ほどのカーボン紙にタイプした起草文を閣僚の人数分配布した。しかし、すぐに閣議は開催されず、多くの起草文はそのまま残っていたと考えられる。GHQ案の外務省仮訳が閣議で初めて配布されたのは二月二六日であった）。宮沢はGHQが起草した案文の一部を手渡されたと考えられ、少なくともじっくり読む機会があったに違いない。

つまり、宮沢が著書『憲法と天皇』の「はしがき」で述べていたように、「マカアサア草案の存在を、政府の草案が発表される直前に知った。おそらく三月のはじめであり、どう早くても二月末のこと」ではなくて、二月半ばであり、「英語のテクストを一分ほど手にしただけ」とは考えられないのである。

宮沢は、遅くとも翌日に急遽《きゅうきょ》南原総長に面会し、委員会の設置の必要性を説いたと推測しても間違いではあるまい。東大のごとき大組織で、いかに総長といえども翌日（あるいは即日か）に委員会を設置することは不可能のように考えられるが、結果的には一四日に設置したとされている。南原総長は、宮沢とともに事の重大性と緊急性を感じたことは間違いないだろう。しかも上記の南原の著作集によれば、委員は二〇人だという。そこには具体的な法律系の教授名が挙がっている。総長に命ぜられたとしても、突然サッと集まれたのかと訝《いぶか》られるが、事はそれほど重大であったのである。

天皇制をまったく変えない憲法改正を考えていた宮沢にとって、GHQ案を見て驚愕したことは理解できるが、事はそれにとどまらず、憲法というあらゆる法分野にかかわる、しかも明治憲法とは理念をまったく異にする憲法を組織としての法学部の教授に理解してもらう、この点の方がはるかに重要であったのだろう。宮沢個人が「一分ほど」見たか見なかったかの問題ではなく、激変した憲法体制に対し、いかに政治的に早く、かつ組織として、つまり東京帝国大学として政治的ヘゲモニーを握るのかの問題であったのだろう。

†GHQ案を基礎に議論

いずれにしても、委員たちはなぜ誰も辞退しなかったのだろうか。まあ、そんな詮索はあとに譲って、どんな内容が議論されたか「委員会報告」を紹介してみる。この点に関しては、我妻栄のみが証言しているようだ。まず、前記我妻論文から引用する（以下「我妻論文①」とする）。

前文、天皇及び戦争の抛棄についての項は以下のようである。

一、前文はやや冗長に過ぎ、且つその表現も生硬の憾なしとしない。思い切ってこれを簡素化し、日本国民が永世に亘る平和を念願しつつ、この憲法を確定する旨を平明な言葉で宣言するに止めるを適当とする。

二、……最初に「総則」又は「日本国」と題する章を置き、……

三、「総則」の内容は次のようなものとするのが適当である。

（a）第一条は「日本国は国民の至高の総意にもとづき天皇を以てその統一の象徴とする民主平和国家である」というように改める。

（b）第九条は日本国の世界政策の根本理念を表明するものであるから、これを「総則」

に編入し、第二条とするのが適当である。その場合、その表現も日本国の平和主義的理想を積極的に表明するような簡潔なものに改める（付属書第二号参照）。

さらに、上記の「付属書第二号」は、アメリカ政治思想史の高木八尺の案で、以下のごとくである。

第一章　総則

第一条　日本国は、天皇を元首とし、又は国民の総意に基づくその統合の象徴とする民主的平和国家である。

第二条　日本国は、国際紛争の解決の手段として、国家主権の発動たる戦争によることを否認すべしとする世界普遍の主義に従い、国策の具としての武力の行使又は威嚇を永久に拋棄し、国家が陸海空軍を保持する現代の制度を廃棄する。

残念なことに、この委員会報告がいつ作成されたのかは不明である。ただ、我妻論文①によれば、「委員会の解散」時期は、「内閣草案（三月六日発表の『憲法改正草案要綱』の意）に基づいて逐条の審議を重ねた上で、第二次報告書を作成して任務を終った。解散した時期はいつであったか、記録がない。委員のうちの多くの者は、あるいは貴族院議員となり、あるいは政府の法令制定委員になってその方に活躍しなければならなくなったので、内閣草案の発表された後あまり長い月日ではなかったと記憶する」。

内容は、読んでみて明確なように、GHQ案を知って報告を書いているとしか考えられない。またまず、日本がいまだ経験していない前文があり、「冗長に過ぎ」る、とあるが、これぞGHQ案としか考えられないだろう。また、「付属書第二号」の第二条を見ると、戦争の放棄条項を彷彿とさせる。なにしろ、その段階で、「戦争の放棄」などという用語は誰も使っていないのではないのか。そればかりか上記の「(a)第一条は『日本国は国民の至高の総意にもとづき』を見れば、さらに一層に言葉を失ってしまう。本書第一章第三節で政府が「発明」した「至高」という言葉がGHQによって「主権」に変えさせられたことを思い出していただきたいのである。そもそも「主権」と書くべきところを幣原首相の深謀で「至高」に書き換えたわけだが、その書き換えは、首相官邸でGHQ案を参考にして日本案を作り始めた二月二七日の直後のことであった。それ以前は「国民の至高の総意」という日本語は誰も使っていない。「至高」はこの時以降からの政府の造語だったのである。

ところで、我妻は、別のところの講演で、以下のようにも述べている。

（憲法研究）委員会は、最初は日本国憲法を改めるために検討しなければならない項目を、フリー・ディスカッションの結果書き上げておりますが、それが記録に残っております。その中には、天皇制をはじめ、軍の問題、基本的人権の問題、それから行政組織や地方自治、司法から会計の問題にいたるまで、広範に問題を取り上げております。そしてそれを順次に審議しようとしましたときに、三月六日に突如として内閣草案というものが発表されたのであります。この内閣草案が、ＧＨＱのほうから示されたものであるということは、今日では常識でありますが、当時政府は、それをひた隠しに隠しておりました。しかしわれわれ委員は、うすうすそのことを知っておりました。そしてこの三月六日の内閣草案の内容を知ったわれわれは、愕然として驚いたのであります。こうした趣旨の草案が発表された以上は、われわれの計画をやめよう、根本的に研究する余地も余裕もないだろう、計画を変えて、内閣草案について意見を闘わそうということになりまして、内閣草案についてそうとうこまかな審議をし、その結果をまとめて報告書を作って総長に提出したのであります（我妻栄「憲法を国民法のものに」一九六二年七月号「世界」一八二〜一八四頁。以下「我妻論文②」）。

この冒頭の部分で我妻は、「日本国憲法を改めるために」と書いているが、「日本国憲法」は、この段階では姿も形もないので、これは「大日本帝国憲法」(明治憲法)の誤植(?)としても、「行政組織や地方自治、司法から会計の問題」とある点は、明治憲法には「地方自治」はなかったので、「順次に審議」したのは、やはり「日本国憲法」、より正確には、「日本国憲法政府案(三月二日)」でないと辻褄が合わない。我妻は「会計」と書いているが三月二日以前の「外務省仮訳」は、「会計」ではなく「財政」であり、「会計」に変わるのは、「日本国憲法政府案(三月二日)」以降であるからである。

さらに別の我妻論文では、じつに臨場感にあふれ、その日の委員会の模様を描いている。「今でもよく覚えている。その日も朝から討議をはじめていたわれわれ東京大学の研究会にこの(政府の憲法)改正草案要綱が伝わると、これほどまで新しい理念に徹底した改正を政府みずからが提唱するなら、われわれとしてはこれを支持して実現をはかるべきだ、修正を要する部分もないではない、しかしそれはむしろ枝葉末節ともいうべきものだ、要綱支持の態度を決定し実現に努力しよう、と衆議は一決した」という(我妻栄「日本国憲法の成立・構造・理念」、憲法問題研究会編『憲法読本　上』岩波新書、一九六五年、二一~三頁。以下我妻論文③)。

つまり、委員会の報告はすでに、二月二七日の前ではありえず、その後から作成された。ところが先の我妻論文によれば、「内閣草案(三月六日発表の『憲法改正草案要綱』の意)に基づいて逐条の審議を重ねた上で、第二次報告書を作成して任務を終った」(我妻論文①)ということであるが、委員会報告は、草案要綱が発表されるより早く、委員会で議論をしてきたこと、それればかりか委員会はGHQ案のみならず、草案要綱が作成される以前から草案要綱の日本語案文も知っていたことになる。

それればかりではない、宮沢は、委員会報告を書きながら、並行して先に紹介した宮沢論文の「憲法改正について」を書いて、ほぼ草案要綱の発表（一九四六年三月六日）と同時に自身の論文を、つまり草案要綱に近い内容の論文を刊行する準備をしていたことになるのである。

いずれにしても、あまりにも不明な点が多いが、従来の憲法制定過程はかなりの程度根本的な変更を余儀なくされるだろう。

†要綱への宮沢談話

宮沢が、あるいは南原総長も含む委員会の委員が、草案要綱発表以前にGHQ案や政府文書を知っていたであろうことは、多かれ少なかれ動かし難いように思われるが、さらにこれを補強するようなエピソードがあるので、紹介しておきたい。

一九四六年の三月六日に憲法改正草案要綱が発表されたことは、すでに何度か紹介してきた。その折、宮沢俊義は毎日新聞に「徹底せる平和主義――新日本の大憲章成る」と題する談話を載せている。初めの数行を紹介すると、「本日政府から発表された憲法改正草案要綱の内容は恐らく総ての国民にとって最も意外と思われる位に徹底せる民主主義に一貫している。……この草案は『われわれ日本人民は』という書出しが示すように米国合衆国と全く同じ徹底せる人民主権主義を基礎とするものである」（三月七日付）。

いうまでもなく政府の憲法改正草案要綱は、「われわれ日本国民」とある。著者はこの談話を知った時、宮沢談話の「日本人民」をめぐって、さまざまに想いを巡らしたのである。そもそもGHQ案でJapanese Peopleを使っているところを、日本政府は「日本国民」と訳してきたのである。従って、前日発表された政府の要綱もすべて「日本国民」を使っている。にもかかわらずなぜ、宮沢が「人民」を使ったのか。明治期はともかく、「人民」という日本語を使うのは、社会主義者か、共産主義者に限られていた。もっともリンカーンの「人民の、人民による、人民のための政治」という場合は、「People＝人民」が公定訳になっているが、それは外国語で使うことばで、日本語では明治初期以降は使っていない。宮沢が、意図的に「人民」を使ったとは考えられない。とすると、と考えたのである。そういえば閣議決定が行われた二月二二日の閣議の後に、外務省仮訳の一部が出されていること、それは松本にも提出されていること（外務省外交文書「戦後記録」帝国憲法改正）を思い出した。そこには「日本国民」ではなく、「日本人民」の訳文を使っていたのである。そこで実際に文書を見直してみると、外務省仮訳では「我等日本国人民は」、あるいは「人民の主権意思により」とあるではないか。

しかしそれにしても、宮沢のごとき権威ある憲法学者が、「迂闊にも」こんな言葉を使うはずがないと考え、長年いぶかしく思っていたのである。ところが、宮沢の死去後に追悼雑誌が出された際に、子息がこんなエピソードを書いていた。日にちは書かれていないのだが、ほぼ、憲法改正草案の発表直前と考えられる。

「……政府の正式の翻訳、というか草案ができた。父は学会の関係の方々の分も含めて何十分か貰ったが、それを風呂敷に包んだまま山手線の網棚に置き忘れてしまった。また貰えばよいようなものだが、いわば武士が刀を忘れたようなもので、その時の不愉快そうな顔といったらなかった。私もあちこちの駅に探しに行ったが、とうとう出てこなかった」(「ジュリスト」一九七七年三月二六日号、臨時増刊「宮沢憲法学の全体像」一九九頁)ということである。

ここから推測できることは、宮沢は、「政府の正式な翻訳」を失くしてしまったため、外務省の仮訳を使ったのではないかという推測である。とすると、二月二〇日前後から宮沢は、かなり早い段階からGHQ案を、英文テキスト(原文)ばかりでなく、外務省の訳文も入手していたと考えざるを得ない。

ところが、宮沢は——のちに述べることであるが——東大の委員会が、新憲法の基本的解説書を刊行した際に、「(政府の松本委員長は、四原則によって立案してきたが)その後諸般の政治情勢にもとづいて、政府はその方針を捨てることにし、全く新しい構想にもとづいて改めて憲法改正を起草し、昭和二一年三月六日その綱領を発表するに至った」（宮沢俊義「新憲法の概観」、国家学会編『新憲法の研究』有斐閣、一九四七年、三頁）と書いている。なぜ、全面的に経過を公表することは無理としても、もうすこし読者が、つまり有権者が納得しうる解説をしなかったのであろうか。もっとも最近でも、この間の事情にまったく触れずに、宮沢憲法学の「史的研究」が憲法学者によってなされているが（高見勝利『宮沢俊義の憲法学史的研究』有斐閣、二〇〇〇年）。

もちろん、このような結果に、宮沢自身が誰よりも不満であったに違いない。当時まだ若かったためであろうか、東大の憲法研究委員会に加わっていなかった民法学者の加藤一郎（のちの東大総長）は、こんな回想を残している。「新憲法のマッカーサー草案が出た後で、研究室《ママ》（棟?）の小使室でばったりお会いしたときに、私が『よかったですね』という趣旨のことを言いましたら、宮沢先生がちょっとてれくさそうに、『いやそれほどのことはないよ』というようなことを言われたのです。そこになにか複雑な先生の心境があったような印象が残っているのです」（「ジュリスト」一九七七年三月二六日号、臨時増刊「宮沢憲法学の全体像」一五四頁）。なんとも、意味深長な発言である。

†「平和国家は日本の国是」

先ほど宮沢の論文「憲法改正について」の初めの部分を紹介したが（本書第三章第一節）、この論文で宮沢が読者に伝えたかったこと、それは一言で言って、政府の草案要綱の意義、つまりはGHQ案の意義であったと思われる。ところが、すでに指摘したごとく、この段階では、政府の草案要綱でも改正草案でも、いまだ九条に「平和」という言葉はまったくないのである。

では、なぜ「平和国家」を主張しなければならなかったのか。それは、宮沢自身が敗戦から半年ほどに考え、表明してきたこととの根本的な大転換を、要綱より早く――南原総長の言葉を借りれば「その方面の専門家や碩学を擁する大学として」――大学の憲法学者の憲法改正意見として国民に表明したかったに違いない。

宮沢はこの論文で読者になにを伝えたかったのであろうか。そこには、「平和国家」という言葉が傍点を振って何回か現れる。まず、この言葉の、現在の日本人が想像し難い重みである。国民にとって、三年半を超えるアジア太平洋戦争から、さらには「満州事変」から数えて一五年という長い戦争から解放されて手にした「平和」である。昨今の「有事」や「戦争」あるいは「国家安全保障」とともに語られる「平和」とか「積極的平和主義」、つまり、すっかり手《て》垢《あか》にまみれてしまった「平和」認識とは、言葉の響きが根本から違っていたに違いない。

宮沢は、この論文で「平和国家」を連発しながら、そのなかで、なによりも「理想を持て」と説くのである。宮沢がそう思っていたかどうかは不明だが、この政府の草案要綱を国民が受け入れるためには、なによりも「理想」が必要であり、その先に「平和」があると判断したと思える。しかし、その際に、日常的に実定法に親しみ、憲法の条文を解釈することこそ憲法学者の本分であると固く信じている官僚や法学者が、平和主義などという理想を、受け入れないのではないかと、自らの体験も含めて、考えたに違いない。宮沢は、かれらの憲法意識を念頭においてこう訴えるのである。

> いちばんいけないことは、真に平和国家を建設するという高い理想をもたず、ポツダム宣言履行のためやむなくある程度の憲法改正を行ってこの場合を糊塗しようと考えることである。こういう考え方はしばしば「官僚的」と形容せられる。事実官僚はこういう考え方をとりやすい。しかし、それではいけない。日本は丸裸になって出直すべきときである。「負けたから仕方がない」というような態度では断じて日本の再建は実行できない。
>
> 　政府の仕事はややもすると「官僚的」に堕しがちである。憲法改正について特にその危険がある。法衣の袖の下から鎧をのぞかせるような真似は絶対に避けてほしいものである（二五～二六頁傍点は原文）。

憲法について頭の切り替えをしてほしい、というメッセージが伝わってくる。それは同時に自らへのメッセージでもあったろう。さらに、願わくば、自分自身はもとより、「その方面の専門家や碩学を擁する大学として」権威ある学者は、以前宮沢が表明した憲法改正の見解とはまったく違って、新しい構想をもっているのだということをわかって欲しいということも伝えたかったのではないのか。権威とは先んずることによって権威となるのである。

そして最後に実に意味深長な一句を加えている。これもこの七〇年間の「平和憲法」の評価にかかわる一言である。「日本人は憲法改正においてプログラム的な規定を設けることを欲するように想像される。『日本は平和主義を以て国是とす』。いや、それだけではない。さらに『日本は民主主義を以て国是とす』。『日本は自由主義を以て国是とす』等々の規定を設ける必要がある。こういう意見が有力になるかも知れない」というのである（前掲論文「改造」二九頁）。

つまり、「平和主義」は「国是」であり、また「プログラム」だというのである。プログラム、それは政治綱領的であり、法的拘束力のないものと解せるではないか。「憲法」という法的拘束力を有すべき「国是」が「プログラム」だというのである。先の東大の委員会報告で平和主義に関する第二条には「その表現も日本国の平和主義的理想を積極的に表明するような簡潔なものに改める」とあるではないか。「理想」と「プログラム」の合体、これが宮沢の「平和国家」だったのだろう。

それとともに、思い出していただきたいのは、時間的順序では、この東大での議論、あるいは宮沢論文の出された一九四六年三月から、だいぶ後のことになるが、本書第二章第三節で見たごとく、衆議院の憲法改正特別委員会では芦田委員長が、金森大臣とともに「平和国家の理想」をかなり情熱を込めて論じていたことを書いた。

つまり、宮沢がこの論文で「平和国家」を強調した時点では、政府の草案要綱と政府草案に先んずるばかりでなく――「平和」や「平和国家」が憲法前文にはあるが――九条にもないことを表明しているということである。

さらに宮沢が「平和国家」を強調する、さらにその以前に早くも昭和天皇が帝国議会の開院式の勅語で、さらには一九四六年の元旦に詔書で、「平和国家」を表明しているのである。つまり、時系列で考えれば、まず、国家の権威の昭和天皇が、つぎに憲法の権威の宮沢が、そして最後に、憲法担当大臣や議員が「平和国家」を表明したことになったのである。

†昭和版『憲法義解』

東京大学法学部の教授たちは、日本国憲法の公布を前後して、「国家学会雑誌」一九四六年一〇月から一二月にかけて三号にわたり「新憲法の研究」を連載している（第六十巻十号〜十二号）。憲法施行（一九四七年五月）よりずっと早く、前年中に刊行されているわけで、一〇月から連載を始めるための準備も考えれば、衆議院の審議が終わる（一〇月七日）よりも前から執筆されていたはずである。学会として、いかに立法府や行政府の解釈に機先を制することを意識していたかがわかるのである。

「研究」は、憲法全体にわたり、各方面の法律の専門家が執筆を担当している。連載をまとめた単行本『新憲法の研究』（有斐閣、一九四七年）は、一二刷、一万七〇〇〇部発行されたという（坂本義和「百周年を迎えた国家学会」、『書斎の窓』有斐閣、一九八八年五月号、一五頁）。『新憲法の研究』冒頭の「編輯者のことば」は、この書物を刊行する意義をこう述べている。「わが国家学会は古く明治憲法の有権的註解書たる伊藤博文の憲法義解を刊行した歴史を有する。我々は本書が昭和新憲法の総合的研究のパイオニーアたることを信ずるものである」

つまり、この企画は、「昭和新憲法」のパイオニアとして、「明治憲法の有権的註解書たる伊藤博文の憲法義解」を意識していたのである。

したがって、当時の法学者たちの意識は、たとえば江藤淳が指弾した（本書第三章第一節）ごとくではなく、宮沢俊義も、単に宮沢個人にかかわる問題ではなく、日本のあるべき憲法解釈、ひいては日本のあるべき憲法の姿そのものを意識していたに違いない。

調べてみると、まさにその通りだった。宮沢は、伊藤博文の『憲法義解』が一九四〇年に岩波文庫から刊行された際にその「解題」を書いている。そこで宮沢は、「伊藤博文そのほかの草案起草関係者の手許では皇室典範案および帝国憲法案の各条項ごとに説明を付した文書ができていた」。そこで「伊藤博文は……枢密院会議で各顧問官に配布せられた説明書をさらに草案起草関係者ならびに諸学者の共同審査に付することにした」（伊藤博文『憲法義解』岩波文庫、一九四〇年、一七九〜一八〇頁）というのである。「各条項ごとに説明を付した文書」が『義解』の原本になったという。伊藤の『義解』は、「伊藤博文の私著とし、その著作権を国家学会に寄贈して、同会をして公刊させることになった」（一八二頁）という。

それはまさに明治憲法に際し、「枢密院会議で各顧問官に配布せられた説明書」は、日本国憲法の際の憲法の政府草案と審議に当たり、「草案起草者ならびに諸学者の共同審査」は、『新憲法の研究』に当たり、さらにはその後一九五五年に宮沢が単独で刊行した注解形式の私著『日本国憲法』（日本評論社）は、伊藤の『憲法義解』に当たるということではあるまいか。

この『新憲法の研究』は、「戦争の放棄」と題する横田喜三郎（国際法）の論文を掲げている。このなかでまず横田は「（戦争の放棄で）徹底的な平和主義を採用し、全面的に戦争を放棄したことは、世界史的な重要さをもつもので、新憲法におけるもっとも大きな特色ということができよう。……（新憲法は）世界のうちのもっとも極端な軍国主義と国家主義から、もっとも徹底した平和主義と国際主義への転換である」との評価を述べている（四三頁）。

さらに横田は制憲議会の審議で「戦争に関する限り、自衛のためであっても、それを行うことができないことになる。それは行きすぎではないかという議論がある」（五〇頁）と異論を紹介し、政府見解を以下のように紹介している。

「政府としては、自衛の場合にも、戦争を認めないという見解であることがわかる。その理由としては、いままで、日本が自衛のためと称して侵略的な戦争を行ってきたから、世界に誤解をさけるために、自衛の戦争をも放棄するのが適当であること、自衛の戦争を認めることは、戦争を誘発するゆえんで、かえって有害であること、国家の安全は国際信義と公正に訴えて保障すべく、とくに国際連合のような国際平和機構によって保障されるのが適当であることなどがあげられた」（五一〜五二頁）

横田はそのすぐ後で、「新憲法の規定そのものとしても、国の交戦権は認めないというのであるから、この解釈が正当であるといわなくてはならない」と、国際法学者として自説をなんら展開することもなく、まさに政府解釈を「権威づける」役割をしていたのである。これもやはり「昭和版『憲法義解』」であったと言わざるを得ないのである。

†「八月革命」説はなんだったのか

宮沢俊義が憲法制定に大きな影響を与えた主張に「八月革命」説がある。憲法の改正の手続きに関して、明治憲法の改正手続きに依らず新憲法に依るべきだという主張と、明治憲法の改正手続きである天皇の発議による（七三条）べきだという主張の対立があった。

内閣（法制局）でも前者を支持する人が少なくなかったなかで、宮沢俊義は、後者を選んだ。宮沢はその理由を「どのような特別な理由にもとづいて、許されるのであるか」と自問して、以下のように詳述した。

まず、「この問いに答えるには、どうしても、一九四五年八月、終戦とともに行われた日本憲法史上の大変革の本質を、明らかにすることが、必要である」とし、日本政府はポツダム宣言を受諾し、「日本の最終の政治形態は、日本国民の自由に表明される意志によって」定められることになった。それは明治憲法の神権主義から国民主権主義への変更を意味した。それは以下のように解するべきである。

この変革は、憲法上からいえば、ひとつの革命だと考えられなくてはならない。もちろん、まずまず平穏のうちに行われた変革である。しかし、憲法の予想する範囲内において、その定める改正手続によってなされることのできない変革であったという意味で、それは、憲法的には、革命をもって目すべきものであるとおもう。

降伏によって、つまり、ひとつの革命が行われたのである。敗戦という事実の力によって、それまでの神権主義がすてられ、あらたに国民主権主義が採用せられたのである。この事実に着目しなければならない（初出は、「世界文化」一九四六年五月。ここでの引用は、前掲『コンメンタール篇　日本国憲法　別冊付録』三一四〜三一六頁によっている。傍点は原文）。

この「八月革命」説によって、神権主義の憲法の法的継続性が確保された。つまり、法的断絶がなかったために、当時の立法府が改正を必要と考えた法律のみが改正の対象となった。それればかりでなく、法的断絶のない「革命」によって、「革命」は形だけのものになった。皮肉なことに、戦争は「敗戦」ではなく「終戦」と言い換えできるようになり、意識の深層では〝敗けずに済んでしまった〟のである。

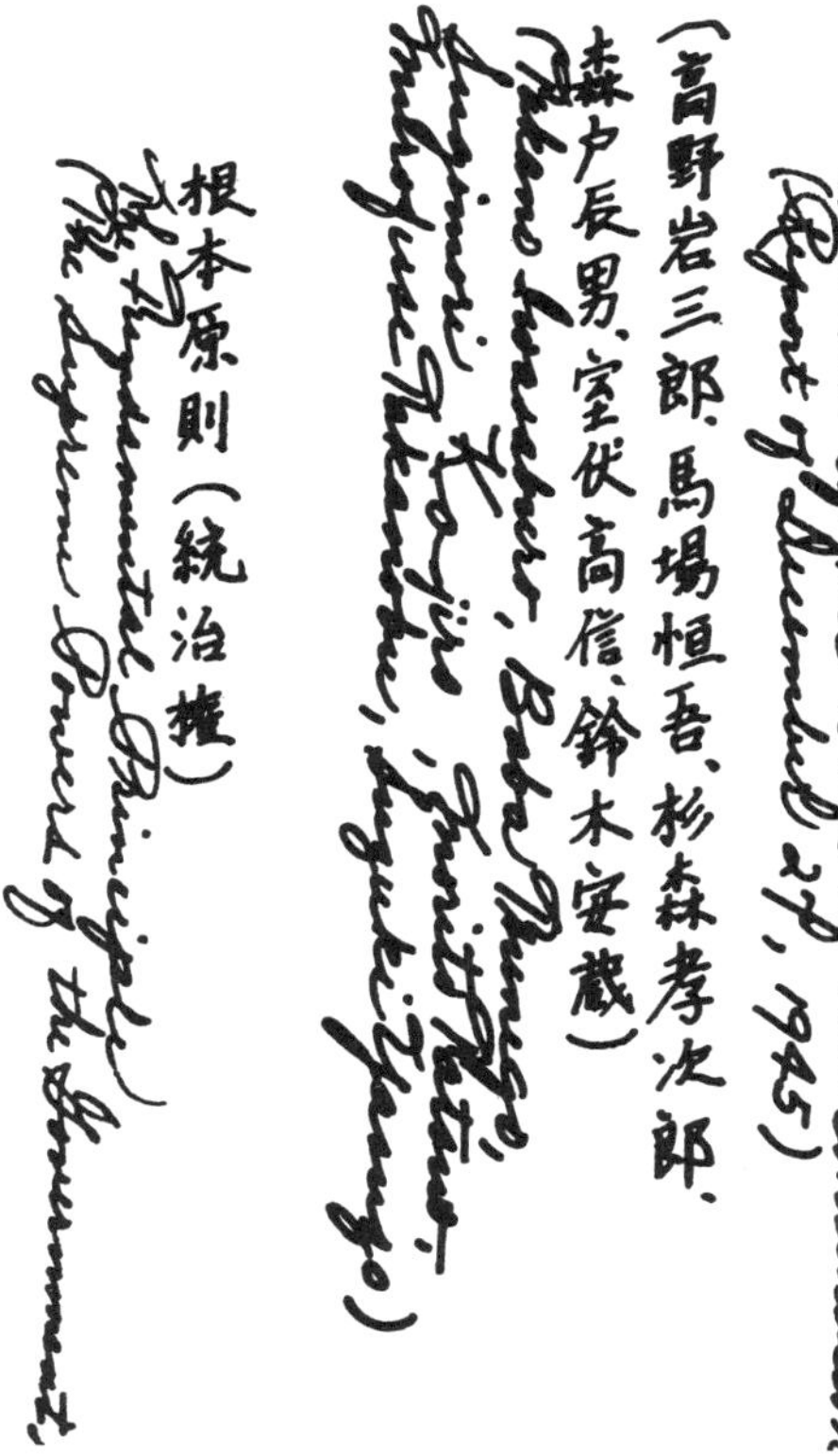
三 憲法研究会ノ憲法草案綱
(昭和二〇、一二、二七発表)
The Constitution Study Committee's
Outline of the Draft of the Constitution
(Report of December 27, 1945)
(高野岩三郎、馬場恒吾、杉森孝次郎、
森戸辰男、室伏高信、鈴木安蔵)
(Takano Iwasaburo, Baba Tsunego,
Sugimori Kojiro, Morito Tatsuo,
Murobushi Takanobu, Suzuki Yasuzo)
根本原則(統治権)
The Fundamental Principle
(The Supreme Powers of the Government,

第四章
憲法研究会案の意義

「憲法研究会ノ憲法草案綱」英訳コピー。原本は米公文書館所蔵

第一節　浮かび上がった地下水脈

†鈴木安蔵——自由民権の研究者

敗戦直後、政府の憲法問題調査委員会などにつらなるような、当時最も権威のあった憲法学者は、明治憲法の改正には否定的であった。これに対し、明治憲法を改正すべきと考え、最も早く新しい憲法草案を起草したのは、民間の、きわめて少数の、戦時下で体制側にいなかった、評論家や文筆業者を中心とする人々であった。その中心にいたのが鈴木安蔵である。鈴木を中心に新しい憲法を起草するために集まった人々がつくったのが「憲法研究会」であった（常に出席していたのは七人といわれる。詳しくは、前掲『日本国憲法の誕生』三八頁以下）。

言うまでもないことであるが、自由民権運動とは、明治七（一八七四）年に民撰議院（結果的には帝国議会となった）設立建白書を提出し、国会が開設されて、一八八九年に帝国憲法が発布されるまでの期間を中心とした民権運動で、そのなかで創られた憲法案を「私擬憲法」とか、民間憲法案、民権憲法案と呼んでいる。

その自由民権の憲法、なかでも植木枝盛の「東洋大日本国国権按」の研究をしていたのが鈴木安蔵であった。一九〇四年に生まれた鈴木は、学生時代は治安維持法に連座し、その後、当時ほとんど知られていなかった自由民権運動や彼らの憲法案の研究を独力で進めていた。

そうした中で、自由民権や明治法制史の研究をしていた当代随一の政治学者で「明治文化研究会」を主宰していた吉野作造と出会い、教えを受ける。吉野は、「(明治憲法の)憲法制定史の研究をする者は皆無」と言って鈴木を励ましたという。

吉野は一九三三年に死去。その後、鈴木は、吉野の「明治文化研究会」を引き継いだ尾佐竹《おさたけ》猛《たけき》の紹介で、憲政史編纂委員の職を得、著作に励む。尾佐竹は、憲政史家で大審院(現最高裁)判事であり、衆議院憲政史編纂会の委員長でもあった。しかし、時代はますます鈴木から自由を奪うことになる。処女作の『憲法の歴史的研究』(一九三三年)は出版法違反で発売禁止処分を受け、さらに一九三七年の『現代憲政の諸問題』も発禁処分を受けた。しかし、鈴木のような自由民権期の憲法の研究者が皆無であったなかで、GHQは、鈴木の研究に注目していた。

憲法学者の原秀成の研究によると、GHQ側は、かなり早い段階で鈴木安蔵に注目し、鈴木の戦前の著書の翻訳などを作成していた(原秀成『日本国憲法制定の系譜 III——戦後日本で』日本評論社、二〇〇六年、五六三頁以下)。ということは、ポツダム宣言の日本に対する要求事項の一つに「日本国国民の間に於ける民主主義的傾向の復活強化に対する一切の障礙を除去」とあるのは、「自由民権思想」の「復活強化」を意味したのであろうか。いずれにしても、長い間表面上は完全に忘れ去られていた政治思想が、敗戦とともに長い政治弾圧に耐えて地下水脈をたどって浮かび上がってきたのであった。

†鈴木安蔵の明治憲法改正構想

鈴木がいつから明治憲法の改正構想をもったのか、それはどうも敗戦とともにであったようだ。鈴木は戦争末期に福岡の軍報道部にいたことに象徴されるように、戦時下で戦後の日本の展望や、明治憲法の改正構想をもつ余裕などまったくなく――敗戦と同時に憲法改正構想のメモを用意したようだが――思考停止状態であったようだ。

とはいえ、敗戦と同時に体制変革が生ずるであろうとの予感があったことは間違いない。その意味では多くの知識人が「茫然自失」状態であったのに比して、当時としては出色であったに違いない。鈴木の書いた敗戦直後の憲法改正構想を読んでみると、構想をめぐらす鈴木の脳裏に浮かんでいたのは、社会主義思想というより自由民権期の思想であり、憲法案であったといえよう。そして、それに火をつけたのがハーバート・ノーマン（E. Herbert Norman）であったのではないかと思えてくる（中野利子『外交官E・H・ノーマン――その栄光と屈辱の日々

1909-1957』新潮文庫、二〇〇一年）。

ノーマンは、戦前から周囲の日本人も驚くほどの日本語と日本近代史の学識をもっていた。それというのも父親が宣教師であったこともあり、長野県軽井沢に生まれた。鈴木とは一九三〇年頃から「憲法史研究会」という研究グループが行う月例研究会で知己になったようだ（鈴木安蔵『憲法学三十年』評論社、一九六七年、一六〇頁）。本来はカナダの外交官であって、同時に『日本における近代国家の成立』（原書は一九四〇年出版、現在、岩波文庫）、戦後に『忘れられた思想家――安藤昌益のこと』（原書は一九四九年出版、現在、岩波新書）などの著書をもつ歴史家でもあった。そのノーマンは、GHQの対敵諜報部に所属し、占領軍が上陸して未だ一か月も経たない一九四五年九月二二日にジープに乗って鈴木の自宅を訪ねてきたというのである。

こうして鈴木はノーマンと私的な会談をもつが、そのなかでノーマンは、次のような提案をしてきたという。

一　国体護持を日本国民が希望するにしても、従来、国体の名の下に、あらゆる反動的勢力が横行し、封建的帝国主義的政策が強行されて来たことを考えるとき、もし依然国体問題を無批判のままに放置するならば、再び国家主義的勢力ないし風潮が、国体護持の名分の下に結集し強化する危険がある。徹底的に、「国体」の根本的批判をなさしむべきが日本民主主義化の前提と思う……。

二　国体護持を認むる結果、日本民族は、依然万国に比類なき優秀民族なりとの根拠なき自負心を捨てず、真に謙虚な国際社会の一員たる再出発をなし得ないと思う……（鈴木「憲法改正の根本問題」一九四五年一〇月。『民主憲法の構想』光文新書、一九四六年、三二頁）。

一言でいえば、「国体」の根本的改革であり、明治憲法の定める「天皇は国家統治の総攬者」といった規定は認めるべきではない、という考えだ。それに対し、鈴木は早くも一一月段階で憲法改正構想を公表している。まず、「憲法条文の緊急に改正する理由」として、「こんにちは『異常な混乱』事態である。この事態を少しでも早く、明確に民主主義日本の確立によって克服すべきである」としている。

この点に関し、鈴木は「（日本の）帝国憲法は英国的立憲君主制を反国家的とみなす立場において制定された。憲法制定当事者はその制定にいたるまでは、終始イギリス的立憲君主制を、日本の国体とあい容れざる民主主義であるとして、これを排斥した」点を指摘する。伊藤博文が「起草中の手記に曰く。英国主義、王は王位あるも統治せず。此主義を履行せんとすれば王政復古非なり」と述べていることを指して、鈴木は「現行（明治）憲法五十五条（国務各大臣は天皇を輔弼し其の責に任ず）は、……政党内閣制の憲法的基礎づけとしては明らかに援用しえない」と明治憲法の改正の必要性を指摘した。

こうした、憲法観は、当時の憲法学者の主流をなす見解、たとえば美濃部達吉や宮沢俊義の見解とはまったく異なる見解であった。

つぎに、人権条項について、「改正の基本は、人権の保証」として、問題点を具体的に指摘した。それによると、

日本（の明治）憲法は、この点においていちじるしい欠陥を有している。第一に、人権のかわりに臣民権利が規定され、第二に、自由権の規定は十分に網羅的ではなく、第三に、それらすらもことごとく但書付《ただしがき》、留保付《りゅうほつき》である。かかる規定内容は、その後、長年にわたってつづけられた警察政治、国家的人権蹂躙、国民自由権無視、官尊民卑、男尊女卑等いっさいの封建専制国家的ヴァンダリズム（破壊行為）の克服はおろか、その防止にすら日本国家が無力であった一つの根本原因をなしている。

そして最後に「改正方法」について、鈴木は「（憲法改正は）議会を通して行う意向である」としていた（鈴木安蔵「民主主義の実現と憲法改正」一九四五年一一月、初出不明、前掲『民主憲法

の構想』五一頁以下）。

†「憲法改正」か、それとも「新憲法」か

鈴木は、明治憲法の「改正方法」として、「議会を通す」という表現をしているが、明治憲法の改正手続きに従って天皇の発議による改正方法を選んでいる、ということである。しかし、当時は多くの識者が、明治憲法の手続きによらず、明治憲法を停止して、まったく新しい「新憲法」の制定を考えていたのである。これは、法的に考えると、「改革」（現行の憲法を断絶しない）ではなく、「革命」（断絶する）を考えていたことを意味する。

たとえば、鈴木と同じ立場をとる社会党の創立メンバーの一人、岡田宗司は、朝日新聞紙上（一九四五年一一月二日付）に「新憲法の制定を任務とする憲法制定会議を招集せらるべきである」という論説で「改革」の立場を支持した。「連合国最高司令官の統治権は、天皇および政府を通じてのみ行使される。この行使の基準の根本は帝国憲法である。憲法改正手続きにおいても、連合国最高司令官の別個の命令なきかぎり、憲法の規定にもとづくべきである。……その改正のに内容について……民主主義的な方法でなさるるよう、特別の配慮がなされねばならぬ」と。

これに対し、評論家で、のちに鈴木の憲法研究会のメンバーになる室伏高信は、すでに明治

憲法は敗戦とともに消滅しているとつぎのように論じた。

「現在憲法はポツダム宣言と同時に消滅している。少なくともポツダム宣言に衝突する範囲においては現在の憲法は消滅している。従って憲法改正の手続きは現在憲法によると天皇のご発議ということになっているが、その点もすでに消滅している。民主主義のもとでは天皇のみが憲法制定について発議権をもつということはありえない」(「読賣報知」一九四五年一一月四日付)

そればかりか、貴族院の存在一つとってみても、民主主義の観点から、そのもとで民主的な憲法改正の審議をすることは、不適当と考えるべきであったであろう。

こうした議論があった後で、憲法学者の宮沢俊義は、「世界文化」の一九四六年五月号で「八月革命」説を唱える。たしかに宮沢は「革命」を唱え、明治憲法の理念と日本国憲法の理念は断絶するし、日本国憲法の制定を明治憲法の改正ではなく「新憲法」としながら、その一方で明治憲法の改正手続きに従うというわかりにくい行動をとった。

この点を宮沢は、東京大学の「国家学会」が編集した『新憲法の研究』において、「正規の憲法上の手続きでは許されないとせられている変革を事実において行ったということもあり、その意味でこれを学問的意味における『革命』と呼ぶことも決して不当ではない」としつつ、しかし、それは明治憲法の廃止を意味しないとつぎのように論じた。

八月革命によって明治憲法は廃止されたと見るべきではなく、それは依然として存在し、ただ、その根柢の建前が変わった結果として、その新しい建前に抵触する限度では、明治憲法の条項の意味が変わったのだ、と解すべきものである。……憲法改正も――少なくとも形式的には――明治憲法第七三条によって行われるのが適当と考えられる。……その結果として明治憲法第七三条によりつつも、その民定憲法の原理に反する部分――天皇の裁可と貴族院の議決――は、その規定のうちに形式的には存するが、実質的には憲法としての拘束力を失っていると見るべきではないかと考えている（一二一～一二三頁）。

つまり「八月革命」説は、「憲法改正」でもあり、「新憲法」でもあるという、前代未聞の「革命」を唱えたのである。結果的には、当初、多くの識者が明治憲法から断絶した「新憲法」の制定を選択していたにもかかわらず、この説によって憲法学者はじめ多くの学者も、日本政府もGHQも、明治憲法の改正手続きを選択したため、「改正」が当然のような選択肢になってしまったのである。それはまた「敗戦」でなく、「終戦」に通じた。

考えてみれば、これは日本の戦後を決定した選択でもあった。明治憲法の改正手続きと天皇制を、さらには明治憲法下の法律とその条項も多々残して「革命」と称したことは、あたかも、日本国憲法から、かの明治維新の「御一新」を類推させるような、政治的効果をもったのではないか。「革命」は担い手自身が自ら行うものであるからこそ「革命」というのではないのか。もっとも多くの人は日本国憲法を「新憲法」と呼んできたが、それは法的手続きより、内容的に明治憲法と異なった「まったく新しい憲法」と考え、そう呼んできたのであろう。

第二節　憲法研究会案の誕生

†研究会の発足

憲法研究会案については、憲法研究会の発足から憲法草案の確定まで、中心メンバーの鈴木が自書の『憲法制定前後』（前掲、七〇頁以下）で、くわしく回想している。

それによると、一九四五年一〇月二九日に鈴木が、ある会合で高野岩三郎から「民間で憲法制定の準備をする必要があるから、君は専門だし、ぜひやるように」と誘われたことがきっかけのようだ。その際、同席していた室伏高信（評論家、大正デモクラシー期からのリベラル派）が、創業まもない出版社「新生社」の会議室を使うことを提案したという。

第一回目の会合は、その一週間後の一一月五日で、メンバーは、高野、鈴木、室伏のほかは、杉森孝次郎（政治学者、早稲田大学教授を経て評論家）、森戸辰男、岩淵辰雄（政治記者、評論家、戦後に読売新聞主筆を務める）、馬場恒吾（「ジャパン・タイムス」編集長、評論家を経て、戦後読売新聞社長）であった。

メンバーは、さまざまな経歴と肩書、そして専門をもち、思想傾向も高野と鈴木は社会主義者であったが、ほかはリベラル左派もしくは中道派であった。この点は先に紹介した政府の松本委員会とはかなり異なっていた。というのは松本委員会の委員は、東大、東北大、九大の各帝国大学の憲法学の教授ばかりと法制局幹部の体制派から成っていたからである。

会合は三回行われ、鈴木によると「ほぼ原則的諸問題では意見交換が終わり、わたくしが一応『要綱』をまとめ」たという。その正式な表題は「新憲法制定の根本要綱」と称して、まず、「憲法改正か新憲法制定か」という根本的問題について、「日本憲法は廃止されて、あらたに民主主義的原則に基く憲法が制定されるべきである。もちろんこの際、欽定憲法主義は問題たり得ず、国民自身の憲法制定会議によって決定さるるを妥当とす」と、先の鈴木の「改正」という考えは受け入れられず、室伏高信の「新憲法」という考え方になっていた。

つぎに、「統治権、元首、国家形態」については、「新たに民主主義的原則に基づく憲法が制定されるべきである」「統治権は国民より発すべし」「現在の過渡的段階の実態にかんがみて、しばらく民主主義的性格強き立憲君主制たるを妥当と考える」となっていた。国民主権とは言っていないが、「統治権は国民より」と述べている。「統治権＝主権」であるから、国民主権にもとづく立憲君主制を採用していたと言えよう。これは自由民権の憲法論そのものであり、かなり鈴木の理念に近く、共和制を主張していた高野の理念とは異なる。

「人権」に関しては、「休息権、養老、疾病、失業の際の庇護権、生活権、民族的差別の撤廃」等を定め、かなり社会主義、なかでもソ連憲法（一九三六年）の人権規定に近似している。

「統治機構」では、貴族院を廃止し、それに代わる第二院は職域代表の院を構想している。「裁判所」は「徹底的な陪審制」構想しているが、民事も含むのか等々は不明である。

「経済・財政」条項については、「社会・経済体制についての根本規定がなされるべきである。それは一八世紀的デモクラシーに見らるるごとき、単なる私有財産の安固、営業の自由、契約の自由の規定たるべきではない。これらは、日本の社会・経済の民主主義化に適応すべき大財閥資本の制限、独占の禁止、寄生的大土地所有の禁止の範囲内において認めらるべきである」と修正資本主義、あるいはワイマールの社会国家を構想しているとみることができる（前掲『憲法制定前後』七七〜八三頁）。

この『根本要綱』に対し、「憲法改正か新憲法制定か」について、森戸辰男からまず明治憲法を「改正」して、その後に「新憲法制定」とするべきだとの提案があり、修正することになる。これを受けて、「新憲法」ではなく「憲法改正」に変えることになった。

あるいは室伏から、天皇は「国家名誉の最高地位」や「儀礼的代表」との意見が出される。杉森からは国民代表の選挙について「全国一区の直接投票」、森戸から「十年後に新たに憲法制定会議を招集する」などの修正条項が提案された。

さまざまな意見を受けて、加筆修正される。その際に、財政学者で東大教授の大内兵衛から「財政、会計」条項についての意見が郵送されてきたという。草案の表題も「新憲法」から「憲法改正草案要綱」に変化し、第二案が起草される。

「人権」の最後に「民主主義並に平和思想に基づく人格完成、社会道徳確立の義務」が新たに追加された。さらに「司法」に関しては、司法の国民参加の方法として「検事総長の公選」が加えられる。また、「経済・財政」の最後に以下の意見が加えられた。「例えば左の如き条文必要なりとの意見あり。土地は国有とす、公益上必要なる生産手段は国会の議決により漸次国有に移すべし、労働の報酬は労働者の文化的生活水準以下たるを得ず」。

そして「其他」の最後に、森戸の提案の「十年後に新たに憲法制定会議を招集する——民主主義的憲法の制定をなすべきことを付加する」とある。「統治権」や「天皇」については、基本的理念は変わっていない。

このような経緯を経て「第二案」が起草されたのは、一二月一日のことであった。

†草案要綱の完成へ

第二案の「憲法改正草案要綱」がメンバーに送られ、それから約一か月近く、最終案となる「第三案」の起草が続けられた。

まず、第三案の最終稿の表題は「憲法草案要綱――憲法研究会案」となり、「憲法改正」とも「新憲法」とも表記していない。

つぎに「根本原則（統治権）」は、すでに議論してきた条文になった。

一、日本国の統治権は日本国民より発す
一、天皇は国政を親《みずか》らせず国政の一切の最高責任者は内閣とす
一、天皇は国民の委任により専ら国家的儀礼を司る

つぎに「国民権利義務」の自由権条項については、特色のある条項としては、拷問の禁止や「国民発案及国民表決」権、男女平等権などを規定した。

また、社会権規定に関しては、きわめて詳細で、

一、国民は健康にして文化的水準の生活を営む権利を有す
一、国民は休息の権利を有す　国家は最高八時間労働の実施　勤労者に対する有給休暇制療養所　社交教養機関の完備をなすべし
一、国民は老年疾病其の他の事情により労働不能に陥りたる場合生活を保証さる権利を有す

と、ドイツのワイマール憲法やソ連憲法の社会権規定を盛り込んだ。なかでも生存権規定（健康にして文化的水準の生活を営む権利）は、会員の森戸の提案であろう考えられる。研究会案は、その後に起草されたＧＨＱ案――それは合衆国憲法に倣って自由権中心の憲法であったが――にもない社会権を登場させた。その意義は大きい。そればかりではなく、「平和思想に基づく人格完成社会道徳確立」を――努力義務ではあるが――盛り込んだ。ＧＨＱ案を除いて、あらゆる政党や団体の憲法案の規定にはないだけに、この規定の意義も評価される。

「議会」の項は、二院制としたが「第一院は全国一区の大選挙区制」とし、「第二院は各種職業並その中の階層により公選」とした。さらに「国民投票制」などといったかなり斬新な内容になっている。

「経済」の項では、従来にない社会権中心で福祉国家をめざす条項が多く、社会主義憲法やワ

イマール憲法に近い規定が目立つ。

一、経済生活は国民各自をして人間に値すべき健全なる生活を為さしむるを目的とし正義進歩平等の原則に適合するを要す

各人の私有並経済上の自由は此の限界内に於て保障さる

所有権は同時に公共の福利に役立つべき義務を有す

一、土地の配分及利用は総ての国民に健康なる生活を保障し得る如く為さるべし

寄生的土地所有並封建的小作料は禁止す

一、精神的労作著作者発明家芸術家の権利は保護せらるべし

そして最後の「補則」では、すでに触れたごとく、時限憲法としている。

一、此の憲法公布後遅くも十年以内に国民投票による新憲法の制定をなすべし

研究会案は、天皇制、国民主権のみならず、人権、なかでも社会権や経済条項も含め、まったく新しい憲法案の起草であった。さらに鈴木は、この最終案を掲げた後で、こう付け加えて

いる。「(研究会は)会員中に一人でも異議のある条文はのせないというのが、執筆者そしてわたしのとった方針だった」と断った後で、削除された鈴木自身の案文をこの著書の中で載せている。それは、いわゆる「抵抗権」規定であった。

一、政府憲法に背き国民の自由を抑圧し権利を毀損するときは国民之を変更することを得

これこそ自由民権の憲法をつくった植木枝盛の憲法案であり、その源泉はアメリカの独立宣言やフランスの人権宣言にあり、さらに遠くはジョン・ロックの『統治二論』からきている。長年、自由民権の憲法案を研究してきた鈴木にとって、研究会では賛成を得られなかったが、その思いをどこかに残しておきたかったに違いない(前掲『憲法制定前後』、一〇〇頁)。

ときに敗戦からわずか四か月の厳寒の年末であった。戦災によって灰燼《かいじん》に帰した東京で、最終案を起草していた鈴木は、当時をこう回想している。

「今日とちがって暖房とてなかった(新生社の)ビルの一室は寒く、それに別に書記役の者がいるわけではなく、修正した箇条があれば全部はじめから浄書しなければならず、なお若かったわたくしではあるが、いささか面倒な作業であった。……浄書したもの二通、これをたずさえて、席上での申し合わせにしたがって、杉森氏と室伏氏とわたくしの三人が首相官邸に赴き、

首相は不在だというので秘書官に強く念をおして手交した。その足で記者室によって発表して帰った。総司令部へは英語に堪能な杉森氏に依頼した。……当時は検閲制度があり、中一日おいて十二月二十八日の各紙は一斉に全文を報道した」（前掲『憲法制定前後』一〇一～一〇二頁。この第四章の扉にある手書きの英訳文は、米公文書館所蔵であるが、訳者名はない。杉森の訳か）

†鈴木の平和憲法観

憲法研究会の最大の功績は、国民主権に基づく天皇制と自然法を基礎に据えた人権規定をいち早く公表したことではないだろうか。鈴木は、憲法研究会案の公表直後に鈴木の憲法観ともいえる見解をこう述べている。

「良かれ悪しかれ、一国の統治形態はその国民がそれに値する程度のものたらざるをえないのであり、遅れた国家、停滞せる政治関係はそれにふさわしい統治形態しかもちえぬごとく、憲法はついに、その国家におかれた客観条件の枠を超えることのできぬは、冷酷な現実である」（「新憲法の構想──憲法研究会の憲法草案」一九四五年一二月二八日、前掲『民主憲法の構想』一三七頁）

実に冷静で現実的だ。こうした文章を読むと、鈴木は社会主義の影響も当然受けていたわけであろうが、それ以上に植木枝盛などの自由民権家の影響の強さを感ずるのである。たとえば天皇制について、社会主義者であれば当然廃止を考えるが鈴木はそうではなかった。共産党書記長の徳田球一は、雑誌で鈴木をこう批判していたと書いている。「わたしたちが作成した憲法研究会の憲法草案は『天皇制を固持している』もので『反動的性格を有する』と述べ、『現情勢においては、天皇制を徹底的に払拭し、いかなる意味においても天皇制の存在を許すべきではない』」と弾劾したという。

しかし、鈴木から見ると、植木が「神ならざる故に君なり」というように、現代の君主は、必ずしも「神」ではないのであり、それを「神」と崇め奉る明治憲法は「神政政治なるものは、人民を籠絡《ろうらく》するの一手段」ということになる（鈴木安蔵「植木枝盛の人民主権論」『法学志林』第四七巻第一号、一九四九年、七七〜七八頁）。

それ以外にも、たとえば、ワイマール憲法や社会主義憲法の影響は、社会権条項としての生存権といった、GHQ案にはなかった条項が含まれていることを考えると研究会案の意義は無視できない。「日本的憲法」あるいは「日本化された憲法」（Japanized Constitution）の起草に与えた貢献は大きいと言えるだろう。

しかし、その一方で平和主義への貢献はかなり低かったと言わざるを得ないだろう。鈴木自身ものちに、こう回想している。

「戦争放棄」条項については、憲法研究会では何の主張も出なかった。もちろん今後の世界平和は、……(研究会では)一同共通の主張であり、とくに平和の確立なくしては人権保障その他民主主義の発展は不可能であることは会員のなかからも強く力説されたところである。

政府案の発表のとき、わたくし個人はただちに全面的共鳴にはいたらなかった。今度の戦争の惨禍と全軍隊の武装解除と国民全体の当時の心情からみて、軍にかんする規定をおくことは全然考えていなかったことは、われわれの草案の示すとおりであった。ただわたくしは、この事項については、フランス第四共和国憲法、イタリア憲法などに定められたように、「相互的であることを条件として」との規定をおくことが当然であると考えたのであった(前掲『憲法制定前後』一〇二頁)。

鈴木は、政府案の前文で、「永世平和・諸国民との公正なる友好」を、「本文中に、戦争の放棄」を掲げたことは「妥当である」としつつも、その一方で、政府案に対し、「財閥資本・寄生的土地所有」あるいは「搾取」が「侵略戦争の危険を強く」すると批判している。たしかに、今日においても貧富の差が戦争や紛争・テロを起こしていることはたしかであるが、その当時であっても、体制還元的批判だけでは、あるいはその時点での社会主義の平和論では、現実問題を解決できなかったのではないのか。
そうしたなかにあって、ヨーロッパの主権制限条項を掲げるべきだという主張は、傾聴するべきだろう。たとえば、日本国憲法が施行された直後の一九四七年一二月二七日に公布されたイタリア共和国憲法一一条は次のごとき規定を定めているからである。

イタリアは他の人民の自由を侵害する手段及び国際紛争を解決する方法としての戦争を否認する。イタリアは、他国と等しい条件の下で、各国の間に平和と正義を確保する制度に必要な主権の制限に同意する。イタリアは、この目的をめざす国際組織を推進し、助成する。

鈴木の提案は、一言でいえば江藤淳の「九条は主権制限だ」といっていた主張（本書第三章第一節）と同じことを違う側面、戦争違法化条項という視点から見ているといえよう。江藤は、九条は戦争ができず、軍備ももてず、それは主権国家が当然有する権利を制限するものだ、という否定的な意味で用いていたのに対して、鈴木は肯定的・積極的に見ていた。
しかし、鈴木が提案したイタリア憲法は、従来国家主権が絶対的に独占してきた戦争に関する権限――宣戦あるいは交戦権など――を「他国と等しい条件の下で」（相互的に）放棄する。

いわば「積極的な」戦争放棄と言える。同様に、社会党の片山哲による第九十帝国議会での提案「世界に向かっての平和宣言を必要とする」（本書第二章第三節）ことも、結果的には鈴木と、かなり似た考えであったといえよう。しかし、ヨーロッパ諸国がNATOやECさらにはEUを形成したごとく、共通の「近隣」があるのに対して、アジアのごとく地域共同体がなければ実現がむつかしい条項であることもたしかである。

それにしても、鈴木らの憲法研究会案は、その内容は言うまでもなく、極めて早い段階で起草し、GHQ案の国民主権条項や人権条項へ影響を与え、さらにはGHQ案にはなかった生存権（二五条一項の「健康で文化的な最低限度の生活を営む権利」）を研究会員で社会党所属の衆議院議員である森戸辰男を通じて修正させることに成功するなど、注目すべき改正案であったことは間違いない。

鈴木にとって「平和」に対するリアリティがなかった最大かつ決定的な原因は、「現実に体験した戦争」の悲惨さについて憲法案がふれていないことではないのだろうか。これでは平和を語る資格はない。この点については、憲法の制定にかかわったすべての政治家・学者に共通している。否、ほとんどすべての本土の日本人にも共通していた問題でもある。自ら行った侵略戦争の反省も、地上戦下の惨状のままに憲法から分離された沖縄の現実も視野の外に置いて、平和憲法を祝ったことである。

†いまだ問われていること

憲法研究会案には、現行の日本国憲法下で議論の対象になっており今後の解決が迫られている問題も、すでに提起されていた。ここでは「立法府は二院制か一院制か」と「三権への国民参加」の二つの点を取り上げておきたい。

研究会案は、二院制をとっているが、現憲法のようにどちらも「全国民の代表」(四三条一項)ではなく、第一院は全国民の代表としつつも、第二院は職能代表とし、つぎのように定めた。「第二院は各種職業並其の中の階層より公選せられたる満二十歳以上の議員を以て組織さる」。

この職能代表により構成される院については、衆議院の憲法改正小委員会でも当時議論となったが、「職能」といっても無数あり、その母体をどうするか、あるいは有権者の多い職能とそうでない職能があるなかで、それをどう調整するのか、という問題があった。

そもそも現憲法の参議院は、貴族院の廃止に代わる院とされたことによっているが、日本は連邦制ではないこと、民族問題を抱えていないこともあり、第二院としての参議院を置く意義が問われていた。小委員会の委員長の芦田均は職能制を採用すると「大学の教授団なんてものは(選挙に)必ず負けはしませんか(?)、数が非常に少ないから」と言って否定的であった

（前掲『第九十帝国議会衆議院　帝国憲法改正案委員小委員会速記録――復刻版』一六〇頁）。

それとともに、そもそも、GHQ案は一院制であり――これに対して松本国務大臣が強く反対した経緯があるが――衆議院の審議でも二院制の憲法草案に対して、一院制を主張する議員もいた。たとえば、鈴木義男は、「一院だけで沢山である。現に第二院と云う屋上屋を架するような制度を作る必要はないと云う議論は有力であります。私の読んだ学者の書物でも、曾て話した学者でも、現在においては、一院を以て十分であると断ずる者ばかりでありまして、二院制度を採る者は一人もないと申しても過言ではないのであります」（第九十帝国議会衆議院本会議議事速記録第六号、九二頁、一九四六年六月二七日）と述べていた。

研究会案をつくった鈴木安蔵自身も、かなり後に書いた書物のなかで、研究会案は二院制としたが、「世界のデモクラシーの大勢も、また理論的一貫性からも、一院制こそが最も適切であろう」（前掲『憲法制定前後』二四〇頁）と論じていた。

最近の事例でも、一院制が増えている。たとえば北欧五か国（デンマーク、スウェーデン、フィンランド、ノルウェー、アイスランド）は、二〇〇九年にノルウェーが二院制から一院制に移行し、いまやすべて一院制になった。一般に民族問題を抱える国で二院制とするか否かが争点になるが、日本とともに民族問題を抱えていないポルトガルも韓国も一院制だ。

つぎに、憲法研究会案は、かなり広く国民参加を打ち出している。

一、国民は国民請願　国民発案及国民表決の権利を有す
一、議会は国民投票によりて解散を可決されたるときは直ちに解散すべし
一、国民投票により議会の議決を無効ならしむるには有権者の過半数が投票に参加せる場合なるを要す
一、司法権は国民の名により裁判所構成法及陪審法の定むる所により裁判所之を行う
一、大審院長は公選とす（以下略）

鈴木は述べている。「これまで日本においては、議会の権限が微弱であったばかりでなく、行政権も司法権も、すべてははなはだしく国民自身から超越し、形式的の三権分立は、実質的には、専制的一元統治にほかならなかった。日本国民の民主化のためには、単に議会の権限をいかに拡大しても不十分であるのは、これによる」（前掲『憲法制定前後』二三九頁）。その上で、司法の改革を打ち出している。

たしかに、司法の国民参加を打ち出したことは、画期的だ。「陪審法」について現代は、刑事事件の裁判員法（二〇〇四年）が制定されたが、それ以外は、実現していない。「大審院長は公選」とあるのは、つまり、「最高裁判所長官は公選」という意味であるが、現憲法では「最

高裁裁判官の国民審査」となり(七九条二項)、「罷免を可とする」場合は、国民審査で×印をつけることになっている。これは、公選とは大違いだ。現行の国民審査に満足している国民はまずいないだろう。

研究会案の「国民投票」は、かなり一般的で議会政の対抗としての国民投票という位置づけがされている。一九八〇年代から、多くの国が国民投票を導入しているが、議会政民主制か、それとも直接民主政か、という二者択一を論じる時代ではなくなり、できる限り国民の意思を正確に反映するための、議会政を補完する国民投票、とくに地方での住民投票を半代表制度化する国が増えている(Austin Ranney & David Butler, *Referendums around the World*, AEI, 1994)。

たしかに、研究会案の直接民主政は、いまから見ると大きな「時差」を感ずるが、時代の先駆けを意味したことは間違いない。いまや、国民が代表を選挙する民主主義から、国民自身が政治に参加する民主主義こそが民主主義の本来あるべき姿だと考えられる時代へと変化しつつあることを、研究会案を読みながら考えたいのである。

第三節　ＧＨＱの研究会案への評価

†Ｒ・フィアリー政治顧問事務所の評価

憲法学者の原秀成の研究によると、政治顧問事務所のロバート・フィアリー（Robert A. Fearey）は、憲法研究会案が公表された直後の一九四六年一月二日に、バーンズ国務長官に宛てて「民間研究団体による憲法改正の草案」と題する書簡を送っている。

そのなかで、フィアリーは、ＧＨＱ側でなく国務省側の外交官であったこともあり、鈴木よりも東大を追われた経済学者であり、その直後社会党の衆議院議員になる森戸辰男を「指導者」として紹介しつつ、会員の政治的配列を次のように分類している。「草案を起草した七人の委員について注釈すれば、三人が社会党の指導者であり、他の一人は同党の支持者としてしられ、二人は自由主義的な名声のある作家でやはり社会党を支持しているとされており、残りの一人は共産党の同調者であります」。

この案の「重要な規定」は、「政府の最高の機関は議会あるいは議会に責任をもつ内閣とする。皇帝は儀式と礼式の元首であるに過ぎない」と述べている程度で、案の具体的な内容には及んでいない。最後に、総括的に「この草案は、非常に自由主義的だという名声の高い民間人の見解を代表するものである」とし、さらに「この団体は、日本政府からなんら認知されているわけでもないことも認識するべきです」と締めくくっている（前掲『日本国憲法制定の系譜Ⅲ――戦後日本で』八七七頁）。

いかにも外交官として国務長官に送った書簡らしい内容であるが、同じ外交官でもノーマンなどとはまったく異なった視点といえよう。

†マイロ・ラウエルの評価

憲法研究会案は、発表されたと同時にGHQ民政局のマイロ・ラウエルによって「私的グループによる憲法改正草案に対する所見」と題してホイットニー民政局長に報告書が送られている。

研究会案の「一般原則」について批判的評価はなく、「主権に関するこれらの諸条項は、憲法が国の最高法規であること、および他の法規は憲法に抵触してはならないことを明確に規定する一条を追加することがよいと考える」との条件を付けたに過ぎない。

「国民の権利および義務」については、「これらの諸条項は、権利章典をなすものであって、現行憲法におけるそれよりもはるかに実効的である。言論、出版、教育、芸術および宗教の自由は保障され、かつその他の社会的諸原則もその中に包含されており、そのすべては、民主主義と両立しうるものである」。
「要約」として、「この憲法草案中に盛られている諸条項は、民主主義的で、賛成できるものである。しかし、若干の不可欠の規定が入っていない」として、「憲法は国の最高法規であることを、明確に宣明すること」など九点を挙げている（前掲『日本国憲法制定の過程Ⅰ　原文と翻訳』二一七〜二三五頁）。

†ラウエルの回想

アメリカ人の日本国憲法の制定過程の専門家であるデイル・ヘレガース（Dale M. Hellegers）によると、トルーマン大統領図書館が所蔵する録音テープでは、ヘレガースによる「草案の分析は誰に命ぜられたか」との質問に対し、ラウエルはこう答えている。

ホイットニー准将です。私個人は、その民間の草案に感心しました。……大きな一歩の前進となったと私は思いました。民間草案要綱を土台として、いくつかの点を修正し、連合国最高司令官が満足するような文書を作成することができるというのが、当時の私の意見でした。

さらに加えて、ヘレガースの「憲法研究会による具体的な言葉の選択に、あなたは何らかの影響を受けましたか?」という問いに「間違いなく」と強調している。「言葉の選択についてはそれほどではありませんでしたが……。意識的であろうと潜在的であろうと私は間違いなくその影響を受けています」と答え、さらに、民政局内で回覧されたのかどうかとの問いには「ハッシーやケーディス――またこの分野(憲法草案)にいっそうの関心を寄せていた……行政に関心のあるものはみな、おそらくそれを目にしていたはずです」と答えている(塩田純『日本国憲法誕生――知られざる舞台裏』NHK出版、二〇〇八年、五六〜五九頁)。

研究会案は、GHQの中で組織的に承認され、好意的に評価されていたことがわかる。それに対し、知らされていなかったのは日本政府の側であったということである。

第四節　鈴木安蔵の政府草案への評価と批判

†「共和制国家では機能しない」

鈴木は、政府草案が発表される以前に雑誌「潮流」の一九四六年一月号に、政府の憲法制定手続きに関して様々な批判があり、自身にも批判はあるが、憲法が制定されることは「われわれの義務だ」と次のように述べている。

憲法制定の経緯にかんしては、われわれは、いく多の不満も感じ、また、新憲法の規定そのものについても、多くの欠点を痛感するものであるが、しかし今や半歳足らずして、これが再建日本の最高基準たるべきものとして現実に国政運営上に法的効力を発揮すべきは、儼然《げんぜん》たる事実となったのであって、憲法の遵守は、いまやわれわれすべての厳粛な義務なのである（鈴木安蔵『明治憲法と新憲法』世界書院、一九四七年、二一八頁）。

政府の「憲法草案要綱」が公表された直後に、「民主主義は、最小限の要求として、少なくとも政治制度としての天皇制は廃止さるべきことを必要とする。今日、国民自身の多くの部分が、なお天皇・皇室に対する一つの好感情を有しているかぎり、……共和国家の憲法が、かりに発布されたとしても円滑な機能をはたしえない……」（前掲『民主憲法の構想』一六二頁）と論じているが、鈴木の二十数年後の天皇制に関する見方もほとんど変化は見られないのである。

占領軍の高等政策は、日本人民大衆の下からの自主的な憲法運動が形成され実を結ぶ前に早くも「先制攻撃」を開始し、みずからの政治的意図の実現に完全に成功するというあざやかな処理によって、憲法問題は、上から、解決されることとなったためである（前掲『憲法学三十年』二八二頁）。

「主権、天皇について」についても、「国民主権の原則は、当然のこととして、マ草案が確定し、それは、政府の『改正案要綱』『改正案』にも、文字の推敲をへて引きつがれているが、この国民主権の原則の宣明においては、われわれの草案も同じである。また、『天皇は国政を親らせず』『国民の委任により国家的儀礼を司る』としたわれわれの規定は、天皇を象徴と定め、国政に関する権能を一切有しないと定めたマ草案と趣旨を同じくする。ただマ草案は、たんなる『国家的儀礼』にとどまらない諸『国事に関する行為』を列挙することによって、新憲法の下での天皇制に、立憲君主的性格をもたらしめるにいたった」(前掲『憲法学三十年』二九四〜二九五頁)と、憲法研究会案以上に、GHQ案は天皇条項に厳しい規定を設けたと回想している。

†戦力不保持だけで平和国家は可能か

鈴木は政府草案発表後に、戦争放棄条項について、「(九条二項で)陸海空軍その他一切の武力を永久に保持しないというところまで徹底的に永久平和の決意をしめした点は、他に例がない。そしてこれをもふくめてこの戦争放棄の決意、方針、義務はこれまでの日本の国防偏重、対外戦争中心、軍部中心の国政にとってはまさに百八十度以上の大転換である」と好意的に評すると同時に、他の評者が指摘していない視点をつぎのごとく指摘している。「問題は、たんに戦力をもたないこと、武器、軍隊などの一切の戦力を放棄しただけで、日本が平和国家になれるか。また、他国民の平和愛好の念と信義とに信頼して、世界平和が確立されるのか。日本の独立国としての安全が保障されるかである」(前掲『明治憲法と新憲法』一六〇頁)。

まさに、政府案を絶賛していた横田喜三郎とは対照的だ(本書第三章第二節)。戦力不保持がもたらす問題点は、すでに帝国議会の審議の中でも、国連との関係、あるいは安全保障問題、さらには警察力の評価などの視点が出されており、本書でもすでに指摘してきたが、まさに今日に至るも最大の論点であり、あらためて本書第五章の第三節で指摘したい。

平和条項なしに戦争の放棄を定めた政府草案を批判する中で、明治憲法下でも決して戦争を賛美してきたわけではないことに触れていることは、当時にあっては出色な視点であり、今日的な視点でもある。鈴木はこう述べている。「旧憲法においても、別に戦争を賛美したのではなく、いくたびかの対外戦争の際の宣戦詔勅においても、戦争をするのは、やむをえざる自衛のためであり、東洋の平和をはかるためであることを宣明してきた」。こうした経験を経て「侵略戦争たると、自衛戦争たるとを問はず、日本は一切の戦争をしないということを、ここに明示したのである」(鈴木安蔵『新憲法の解説と批判』新文藝社、一九四七年、二六～二八頁)。

戦争を知らない世代には当時の日本が「これから侵略戦争をします」と宣言していたように理解されがちであるが、決してそうではなかった。昭和天皇の開戦詔書からも明白なように、平和を強調しつつ戦争は行われたのである。「平和」のために有事体制を構築し、平時と戦時が渾然一体となる「平和国家」がつくられてしまうのである。

当時、つまり敗戦直後に「平和」を高唱する政治家や識者は多かったが、このような「平和」への指摘はなかった。当時にあって「戦争」は突然起こるものでもないし、「笑顔のファシズム」という言葉があるごとく「平和」とともに「仲良く」手を携えてやってくるという鈴木の指摘は、記憶するに値しよう。

第五節　憲法研究会案は、なぜ陰に追いやられてきたのか

†間接統治という占領構造

憲法制定過程を概観してみると、憲法研究会案は、時間的に政府や憲法学者に先んじて発表し、内容的にも新鮮でGHQ案に遜色なかったにもかかわらず、なぜ今日まで制定過程の文脈の中で無視され続けてきたのか、あるいは日本国憲法はGHQによる「押し付け」だという主張が跋扈《ばっこ》してしまったのか。

著者が八〇年代末に最初の憲法制定過程の著作を上梓した頃は、憲法研究会の意義を憲法制定過程のなかに位置付けている研究者はいなかった。しかし、憲法研究会案を憲法制定過程の中に正当に位置づけることは、一市民が国家権力とは別個に政治に関わった意義を再検討し、戦後民主主義を再考するうえで意義のあることだと考えるのである。

その後、憲法研究会案は新たな研究を通じて、テレビや映画などさまざまなメディアに紹介

されるようになった。こうして憲法研究会案が知られるようになると、なかでも憲法研究会案や鈴木安蔵の功績を絶賛して伝える場合もあり、世に言う「ひいきの引き倒し」現象すら見受けられるようになった。

そこでまず、きわめて基本的な、しかしあまり論じられていない占領の統治形態と、そこから生ずる憲法研究会の限界から論じることにしたい。

憲法研究会案について、GHQの側からコメントを公表することはなかった。それは、日本占領、正確には日本本土の占領が、間接統治であったからである。またそれは、GHQから日本政府に、政府案以外の憲法を参考にするよう示唆を与えることもないという結果をもたらせた。

そもそも日本は、ポツダム宣言をそのまま受けいれたわけではなかった。日本政府にとってポツダム宣言の最大の関心事は、天皇の処遇であった。そこで、日本政府が米国政府に問い合わせの打診をしたところ、米国務長官から「降伏の時より、天皇および日本国政府の国家統治の権限は、降伏条件の実施のため、その必要と認める措置を執る連合国最高司令官に従属するものとする」との回答を得て、日本政府はこれを受諾したのである（当時の外務省訳文は「従属するもの」の部分は、「制限の下」と訳されていたが）。

つまりこの回答は、占領軍（連合国最高司令官）が国民を直接統治するのでなく、天皇および日本国政府を占領軍の従属の下に置き、天皇と政府を通じて国民を間接的に統治すること（間接統治）になったということを意味した。

具体的に説明すれば、「日本本土の間接統治方式というのは、占領軍が、内閣、裁判所、あるいは各省の次官や局長、知事などのポストを握り、日本国民に直接命令を発して支配するのではなくて、命令は一括して最高司令官が日本政府に出し、日本政府が責任を持ってその命令の施行を代行するという方式である」（竹前栄治『ＧＨＱ』岩波新書、一九八三年、五四〜五五頁）ということである。

したがって、憲法を制定（改正）する場合も、ＧＨＱは日本政府のみを相手にすることになり、憲法研究会のような民間組織が起草した草案を相手にする立場に、法的になかったのである。

憲法研究会案は、当時大きく報道され、鈴木も多くのメディアに論評を掲載したが、ＧＨＱはこれに対する評価をしていない。たしかに、鈴木安蔵はノーマンに会っているが、それはあくまでも私的な会談であった。憲法研究会は草案発表から時をおかずＧＨＱにも草案を提出したが、新聞等のメディアにＧＨＱは見解を公表していないし、憲法研究会に、公的に見解を伝えたわけでもない。

実際には、ＧＨＱは前節に述べたごとく憲法研究会案を詳細に分析し、高い評価を与えていたが、それはあくまでも内部文書として処理されていた。

それに対して政府の案(松本案)が提出された際には、GHQの評価を日本政府に伝え、最終的には拒否した。かりにGHQが、「憲法研究会案のほうが政府案よりすばらしい!」などといった評価を公表したら、どんな結果になったであろうか。

もちろん、政府(憲法問題調査委員会)と憲法研究会とが改正案について協議することは当然可能であったが、まったくなにもしていない。憲法研究会案の方が政府案より先に公表され中身がわかっているのであるから、政府側は研究会から少なくとも事情を聴取すべきであった。ただ、権威ある有識者の松本委員会にとって、当時の憲法研究会とは「たかだか民間人の組織」と高をくくっていたにちがいない。

このような占領の統治体制にあって、そもそも憲法研究会案は主導権を握り得ない環境にあり、一方で日本政府案は主導権を握って敗者になり、GHQに「押し付け」られるという皮肉な結果となったのである。

†鈴木安蔵自身の問題

鈴木は、学生時代に治安維持法違反で検挙された経験があると、この章の冒頭で書いた。その嫌疑は、京都大学の社会科学研究会という学生組織での鈴木の活動が理由であった。当時著名なマルクス経済学者であり、京都大学教授であった河上肇は、研究会の中心的存在であった鈴木らの社会科学研究会（社研）の顧問のような立場を引き受け、鈴木と親しい関係にあった。

河上は戦中に、公表する意図をもたないままに『自叙伝』を書きためていた。鈴木の活動がのる「自画像」という名の章が書き上げられたのは一九四三年である。河上の死は一九四六年一月であるが、その直後の二月から、――戦後の始まりとともに創刊された――雑誌「世界評論」で、河上の自叙伝の連載が始まる。河上の『自叙伝』は、いくつかの出版社からいくつかの版が出版されているが、ここでは一九八九年の岩波書店版を参照・引用する。

その二月はまさに、鈴木が憲法研究会案を発表して、水を得た魚のごとく、新憲法を巡って執筆や講演に獅子《しし》奮迅《ふんじん》の活躍をしている時であった。

河上は、『自叙伝』のなかで、戦中の鈴木の行状をかなり詳細に叙述していた。河上は個人誌「社会問題研究」を発行し、長年にわたって多くの読者を得ていたが、河上はその雑誌を自分の個人誌から、活動のための「同志の共同機関」とし、「東京における同志の手に一任」することにした（上巻、二八九頁）。その「同志」が鈴木であったことは言うまでもない。そればかりか「私（河上）は『研究』の編輯を鈴木の手に渡すと同時に、書店から取っていた月々の編輯料もまた彼（鈴木）に譲ってしまった」という。あるいは、金銭上ばかりでなく、河上の自宅での実に無遠慮で不遜な行儀の悪さが『自叙伝』には目に見えるように描かれている（上巻、二九四〜二九五頁)。

　この点を、立花隆は本書第二章第一節で紹介した「私の護憲論」(『現代』二〇〇八年九月、一〇月号)で詳細に紹介している。

　河上肇の名声、学問的、人間的ばかりでない魅力。なかでも『貧乏物語』(弘文堂、一九一七年)は、その前年から大阪朝日新聞に連載され、読者に好評を得た。「貧乏」が深刻な社会問題であった当時の日本で、「貧乏退治」を説いたことに加えて、その一方でロシア革命というプロレタリア革命の成就からの影響もあり、当時「貧乏物語」は社会の流行語になるほどであった。『貧乏物語』は、戦後(一九四七年)に岩波文庫にも入った。

　こうしたところから、鈴木の評価は急落していったと見ることができる。立花は先の論文で「終戦直後、憲法改正問題が急速に話題になる中で、鈴木は民間随一の憲法問題専門家として、一流の新聞雑誌に次々と登場して、健筆をふるい、大きな影響を及ぼした。しかし実際に新憲法が制定、公布された四七年以降は、河上肇『自叙伝』の影響もあって、鈴木は急速に忘れ去られた存在になっていったのである」(『現代』二〇〇八年一〇月号、二一〇頁)と断じている。

　そればかりでなく、鈴木は、自由民権の研究はじめ、長く人権擁護の論陣を張ってきたが、戦争が激しくなるなかで、民族の優越性や大東亜共栄圏を説くようになる。もちろん鈴木は、そうした戦中の言論を戦後に出版した回想の中で厳しく反省し、大学の研究職に就くことも一〇年ほど辞退していたほどであった。

鈴木は自著でこう回想している。「もっとも明確に批判するならば、マルクス主義の初歩すらも忘却し、マルクス主義理論による正しい理論と批判との存在を知りえないとき、魂を喪失した小市民的書斎人が、しかも現実にたいするそれなりの関心を深めてゆくとき、必然的におちいる誤りを語っている。このことは、深い悔恨と悲哀とをもって今日おもうことであり、自分の憲法的研究は、このきびしい反省の上に根本的に再出発すべきものであることを教えている」(前掲『憲法学三十年』一八〇頁)。

もちろん、戦争の時代は鈴木だけに限られた問題ではなかった。戦時下の鈴木の論文を調べていると、たとえば、戦後に「憲法研究会」の同人になった杉森孝次郎は、戦後社会党の参議院議員となった堀真琴とともに、大東亜共栄圏の企画の中で「日本民族論」を肯定的に論じているのである(帝国書院編輯局編『日本民族論』一九四三年)。

それればかりではない。かの「平和国家は国是」と言い、「八月革命」を唱えた宮沢俊義も、戦時真っ只中の一九四二年の「改造」で、「アメリカでも東洋でも、彼らはアングロ・サクソン人によつて『支那人と犬入るべからず』式な待遇を受けている。アングロ・サクソン人のこういう蟲のいい考へが根本的に間違つていることをぜひ今度は彼らに知らせてやる必要がある。東洋の潘港からいままでそこに傲然と翻つていたユニオン・ジャックや星條旗を遂払つてアジヤが眞に自主的なアジアになつたら、彼らもその度しがたき優越感を修正する必要を感ずるに違ひない。アングロ・サクソン国家はいまやひたすらにたそがれつゝある。願はくはこのたび大東亜戦争をしてアジアのルネサンスの輝かしき第一ページたらしめよ」（宮沢俊義「アングロ・サクソン国家のたそがれ」、「改造」一九四二年一月号、二三七頁）と「反欧米」「世界に冠たる日本」を鼓吹していたのである。

この時代とは、社会科学者に限らず、文学者も哲学者も体制へ順応してしか生きられない現実があった。それは、加藤周一の「戦争と知識人」（『日本人とは何か』講談社学術文庫、一九七六年）を読むまでもなく、多くの知識人が自発的、あるいは強制的に権力へ隷属化される時代であったのである。

なんとも、戦時下という魔力の怖さを自覚すべきことを教えられる昨今でもある。

†憲法問題研究会と憲法研究会

憲法問題研究会といっても、いまは知る人はほとんど少なくなったのではないか。一つには、「憲法」を冠した、似たような名称の会があるからかもしれない——憲法研究会とも間違いやすい——が、六〇年代はかなりの市民・学生に知られた会であった。

政府・自民党が「自主憲法」を掲げて憲法改正を打ち出し、一九五六年に政府の「憲法調査会」の設置を決めたのに対し、五八年に「憲法問題研究会」は創立総会を開いて——「憲法改正阻止」とは明示していなかったが——政府の憲法調査会に対抗し、代表を財政学者の大内兵衛（法政大学総長）が、世話人に宮沢俊義、鵜飼信成（東大教授）、佐藤功（成蹊大学教授）の憲法学者が、ほかに民法学者の我妻栄、政治学者の辻清明（東大教授）、社会学者の城戸又一（東大教授）の六人が就任している。

また、関西に支部を置き、法哲学者の恒藤恭（大阪市立大学前学長）と民法学者の末川博（立命館大学総長）が共同代表となった。

設立総会で「とくに確認したこと」という会の性質については、以下の二つであったという。

A、研究会は純粋に学問的な会である——直接には政治的活動はしない

B、しかし国民のための会である——啓蒙的活動は辞しない（憲法問題研究会編『憲法を生かすもの』岩波新書、一九六一年、七頁）

こうして、一九五九年から講演会を企画し、多くの市民・学生が参加し始めるのである。時あたかも、一九六〇年の日米安保条約改正問題と重なる時期でもあり、講演会の演題が「憲法と安保」の場合もあった。とにかく、「政治のとき」であった。

講演の演者は、まさに当代一の学者が綺羅星のように並んでいる。もちろんその中心は、かつての「東京帝国大学憲法研究委員会」のメンバーであった。講演者すべてを点検してはいないが、中心メンバーの中に、鈴木安蔵らの憲法研究会の、あの七人のメンバーを一人として見出すことはできなかった。最近、憲法問題研究会とその後を扱った詳細な実証研究である邱静『憲法と知識人——憲法問題研究会の軌跡』(岩波書店、二〇一四年)が刊行されたが、憲法研究会との関係には触れていない。

しかし、すでに本書で詳述したごとく、憲法研究会は極めて早い段階で明治憲法の改正を前提に研究をはじめ、なかでも、中心メンバーであった鈴木安蔵は、戦前から当時日本で数少ない自由民権期の「私擬憲法」の研究を行い、GHQ憲法案の国民主権、象徴天皇制、人権規定の起草に大きな影響を与えたことは否定できない。

一方、宮沢俊義はじめ東大憲法研究委員会のメンバーは、政府の憲法改正草案要綱の前後から、急遽、しかも、その内容を知って一部を起草したに過ぎない。

日本国憲法の改正問題に際し、なぜ憲法研究会の憲法案の成果を、さらにはそのメンバーをこのように無視したのか。たしかに、憲法研究会のメンバーの幾人かはすでに高齢であったとか、一九八三年に亡くなった鈴木の場合は、一九六五年に設立された憲法改悪阻止各界連絡会議(通称・憲法会議)の中心メンバーであったとか、様々な理由を挙げることができようが、一言でいえば、憲法問題研究会とは、「民衆憲法の誕生」を無視した権威主義組織であったとしか言いようがない。会の総会では、「学問的な会」であることを確認しているが、政府の憲法問題調査委員会があのような政府案（松本案）を起草したことがGHQ案の起草という結果に直結していたことは否定しがたい。憲法問題研究会の中心メンバーは、まずもってその事実と責任を、まさに「学問的に」明確にすべきであった。

日本国憲法の誕生に大きな貢献をした「縁の下の起草者」である憲法研究会を差し置いて、日本国憲法の誕生になんらの貢献もせず、「解釈」をしてきたに過ぎない学者を中心メンバーに、憲法改正問題を論じてきたことは、その内容をきわめて一面的にしたとしか言いようがない。憲法問題研究会のメンバーは、日本国憲法が誕生した経緯をかなりの程度知っていたことは間違いない。しかも政府・自民党は「自主憲法」を掲げて、GHQの「押し付け」を理由に憲法を改正しようとしていたのである。

ところが、その最大の論点に関し、自らが関わった制定過程にはほとんど触れず、蓋をして、日本国憲法の誕生した後の憲法の「解釈」を論じ、批判してきたのである。これでは憲法問題研究会の本来の趣旨とは逆に、GHQによる「押し付け」を一つ覚えにしてきた政府・自民党の批判を、皮肉にも援護したことになったのではないのか。

第五章

深層から見えてきた「平和」

戦後50年メモリアルシリーズでの「日本国憲法発布」「サンフランシスコ条約締結」の切手

第一節　「平和」に飢えていた頃

†耐え抜いた敗戦

われわれにとって「平和」とはなんだったのだろうか。少なくとも日本人にとって言葉としてはあの戦時下でも「平和」は語られていた。一九三一年から一五年続いた事実上の戦時下であっても、戦争をしつつ「平和」は唱えられてきたのである。

昭和天皇は一九三〇年から敗戦に至るまでの間に一〇〇以上の勅語を発出しているが、徴兵制六〇周年（一九三二年）の勅語では、「力を世界平和の擁護に致さしめん」ために、国際連盟脱退（一九三三年）の勅語では「東亜の禍根を除き世界の平和を保つ」ために、さらには米英への宣戦布告（一九四一年）の詔書にいたっては、「東亜永遠の平和を確立」するためなど、「平和」という言葉は六か所に及ぶ。それは一五年にわたった戦時下の「平和」とは、まさに「戦争のための平和」であったということができよう。

ところが、敗戦を迎えるとともに、「平和国家」「平和主義」が登場する。すでに紹介したごとく、昭和天皇も一九四五年九月四日の降伏文書の直後の帝国議会の開院式で「平和国家を確立して人類の文化に寄与せんことを冀《こいねが》」うと「平和国家」に触れ、その後の、いわゆる「人間宣言」でも、「官民挙げて平和主義に徹し、教養豊かに文化を築き、以て民生の向上を図り、新日本を建設すべし」と、「平和主義」を説いた。この日、皇太子（現在の天皇）は書き初めで「平和國家建設　元旦　六年　明仁親王」と書いた。

日本の敗北の戦後史を叙事詩のごとく、見事に描いた歴史学者のジョン・ダワーは、著書の『敗北を抱きしめて　上』（岩波書店、増補版、二〇〇四年、二一一頁）に掲載した皇太子の書き初めに次のような解説《キャプション》を付けている。「敗戦後の日本で最も人気のあった言葉は、間違いなく『平和国家建設』である。学校の生徒たちは当然のことのように、習字の時間にこの文句を練習した」と。

多くの人々が「平和」に飢えていた。といってもすでに聞かされてきた「平和」、つまり「戦争のための平和」ではなかった。敗戦とともに、米軍の空襲は止み、灯火管制はなくなり、安心して眠りにつくことができた。たしかに、明日の食糧の確保に心を砕き、夫や子供の戦場からの帰還を想い、心配はむしろ戦中にも増して大きくなっていたが、それでも一五年間を耐え忍んだ末の「平和」であった。しかも今回の「平和」はけっして静止的ではなく、「平和」は現実に動き始め、人々の表情には明るさとやすらぎが戻ってきた。敗戦前の静止的な「平和」は、戦後とともに「平和国家」、「平和主義」へと動的な平和へと変わり始めていた。

江藤淳は、敗戦を占領下の検閲による「暗い谷間」として描いているが（江藤淳『閉された言語空間――占領軍の検閲と戦後日本』文藝春秋、一九八九年）、著者はそれには与しない。憲法で「検閲の禁止」を自ら起草したGHQが検閲をしていたことは紛れもない事実であるが、そこには戦前の日本政府の検閲に倍した自由があった。

ダワーがその叙事詩から紡ぎだしたごとく、多くの日本人はさまざまな「敗北を抱きしめて」、それでも敗北に押しつぶされず、戦後に希望を抱きつつ戦後を歩み始めたのであった。戦時下で「ボロ屑」のごとく、人間としての尊厳を無視され続けてきた国民は、貧しくとも自らに誇りを持ち始めた。これぞ、敗戦から得た「平和」であったのだ。

憲法の平和条項が、決して十全な規定であった訳ではない。それにもかかわらず、「平和」は多くの人々の心をとらえ得たのである。「平和」は戦前の「平和」を超えて、飢えと恐怖を生き抜いた、解放された、明るく、力強い未来とともに戦後を出発したのであった。

敗戦からわずか一〇日後の一九四五年八月二五日に、石橋湛山は「日本国民は将来の戦争を望む者はいない。それどころか今後の日本は世界平和の戦士としてその全力を尽くさなければならぬ」と書いた（松尾尊兊編『石橋湛山評論集』岩波文庫、一九八四年、二六〇頁）。そこには、筆を折らず戦中を耐え抜いた感慨が感じられる。

一方、その頃日本に滞在していたイギリス人詩人エドマンド・ブランデンは、戦後、日本と初めて出会い、その頃の日本人を外国人の視点からこう描写しているのである。「今日この国の若い女性の容貌や服装に、たしかに新しい自信が見えてくる。……(日本は戦争と征服を)遂行するための手段や行動を、日本の再生のために一切を放棄したのであるが、新憲法は大多数の国民の平時の感情を表現しただけのものだろう。……現在の日本で私が感じていることであるが、精神の平和の祝福は、多くの苦難を償《つぐな》ってあまりがあった。私の周囲の市民の声も顔も、武装化のころよりも実に明るく、表情が深くなっている」(エドマンド・ブランデン『日本遍路』朝日新聞社、一九五〇年、二五〜二七頁)。

外国人の目から見ても、敗戦後の日本人が、「多くの苦難を償い」つつ、「自信」をもって、「精神の平和」を得て、「明るく」生き始めていたことを垣間見ることができる。

†平和国家

ジョン・ダワーによると、「平和国家建設」は学校の生徒たちもこの文句を練習したそうであるが、そればかりでなく、「平和国家」が現実政治で論じられ始めたのである。

すでに述べたごとく、「人間宣言」で「平和主義」が唱えられたその月に発せられた一九四六年の「改造」一月号で、森戸辰男は「平和国家の建設」を論じたのである。森戸については、前章で紹介した憲法研究会の同人であり、この論文の画期的な内容はすでに紹介した通りである（本書第二章第三節）。さらに三月号では、宮沢俊義が「憲法改正について」の論文で「平和国家は国是」だと論じ、「このたびの憲法改正の理念は一言でいえば平和国家の建設ということであろうとおもう」（傍点は原文）と述べた。まさに「平和国家の使徒」が、時代の先端を走りだしたのである。

この頃、一九四六年の初めから憲法研究会案も鈴木安蔵も、影が薄れはじめる。マッカーサーは、二月初めにGHQのために憲法改正案の三原則を決定したが、「平和」は一言も書かれておらず、GHQ案でも基本的に――「前文」は別にして――マッカーサー三原則に従って、平和に触れずに「戦争の放棄」を起草した。日本政府も、幣原首相も、GHQ案に従って平和に触れずに「戦争の放棄」を起草し、帝国議会に上程した。

つまり、この段階では「戦争の放棄」という本来ならば戦争のできる国家主権を制限する、換言すれば、戦争を禁止された条文であり、そこには平和主義はなかったのである。

ところが、帝国議会（国会）の審議の過程で、社会党の森戸辰男や鈴木義男の手によって、もちろん芦田委員長も賛成して、政府案の九条の冒頭に「正義と秩序を基調とする国際平和を誠実に希求し」を付加したのである。これによってなんとか九条の「戦争の放棄」に「平和」が挿入されることになった。

この「国際平和」という言葉は、芦田によると外務省の「入れ知恵」だという。そうではあっても、この後に九条の条文が確定する、ほんの短い瞬間ではあったが、議員の中から、政府は「平和宣言を出すべきだ」、あるいは「世界平和の理想」を表明すべきだ、「安全保障を考えるべきだ」「積極的平和機構へ参加するべきだ」といういうきわめて具体的で躍動的な平和条項も提案されていたのである。なかでも「憲法九条を守れ」と高唱してきた人々は、どこまでこの事実を、自覚していたのであろうか。結果として、確定された九条はわずか「国際平和」という四文字に限定されてしまった。

たしかに、憲法九条一項は、平和を基礎、あるいは外延に定めて、その中核に戦争放棄をおき、二項で戦争放棄の実質的内容である軍備不保持と交戦権の否認を定めた。それは主権制限条項ないしは戦争違法化条項を定めたと見ることもできる。

こうして、憲法九条は、多くの国民にとって、当時の「平和に飢えていた」時代には、――きわめて限定された平和条項であったにもかかわらず――恐怖から逃れ、戦争から解放され、自由かつ平等の象徴として、他の条項の人権条項とともに憲法の中核を担ってきたと言える。それはまた、「平和に飢えていない」時代に、あるいは「飢えとは経済的なことだ」と割り切り始めた時代に、あらためて「平和」が問われているとも言えるだろう。

†二つの「平和国家」論

「平和」ほど無概念に、たやすく使える言葉はない。先の「大東亜戦争」の開戦宣言（詔書）で「平和」は六か所も使われていたと述べたが、「国防軍」を定めた憲法改正草案をつくった自民党の安倍総裁は、事あるごとに「積極的平和主義」を唱え、「国家安全保障戦略」という政府文書（二〇一四年）の中では一〇か所も使っている。いまや「平和」は「戦争」の手段でもある。

「平和」とは、本来きわめて多様かつ定義しにくい言葉である。自然をたたえて「平和の風景」という言葉があるが、本来は「平和」を好まず、「国家安全保障」を好む権力者であっても「安全保障の風景」とは言わず「平和の風景」という。それほどまでに、権力者にとっても、「平和」は魅力的な言葉になっただけに、「平和憲法だ、平和国家だ」と、ところ構わず、多用されがちであり、手垢をつけられてしまうことも避けがたいのである。それだけに「平和」の、あるいは「平和国家」「平和憲法」の吟味が必要になる。なかでも本書で紹介したごとく「平和国家」は、まさに憲法制定過程の中心的関心事であった。

思い出していただきたいのだが、森戸によると「平和国家」には二種類ある（本書第二章第三節）。「戦争のできぬ国」と「戦争を欲せぬ国」。当時GHQ案を受け入れた日本は前者である。「我国はその侵略戦争にたいする刑罰として、かような平和国家たることを強要されているのであって、決して自分の自由意志でこれを選んだのではないのである。それは一応、外形的な平和国家であるにとどまって、必ずしも内面的にもそうであるのではない」。

これに対して「戦争を欲せぬ国」は、第一に「独立自由な国家」を意味し、そして第二に「平和の追求者」、つまり「戦争ではなく平和が人間性に即した社会理想であり、史的発展の方向も亦その実現を指示していること」を意味しているのであり、第三に「平和主義の信奉者」でなければならないという。その内容は、およそ今日までさほど論じられてこなかったように思われるので、あらためて紹介しておきたい。

平和主義というのは、単に平和をば、人間性に即した実現可能な社会理論として追求するだけでなく、この理想の実現がすでに現代において可能であることを確信し、且つ有効適切と信ぜられる施策施設によってその実現に努力することを意味する。すなわち平和国家は理念的平和主義に留まることなく、実践的・方法論的平和主義に進出することによって、言い換えれば平和主義国家となることによって、始めて完全な平和国家となることができるのである。

こうした「平和国家」観とまったく異なる「平和国家」観を打ち出したのが、憲法学者の宮沢俊義であった。宮沢論文の「憲法改正について」は、先ほども触れたごとくであるが、改めて新たな視点で敷衍《ふえん》しておきたい。

本書第三章第一節で宮沢の「日本を真の平和国家として再建して行こうという理想に徹すれば、現在の軍の解消を以て単に一時的な現象とせず、日本は永久にまったく軍備をもたぬ国家——それのみが真の平和国家である——として立って行くのだという大方針を確立する覚悟が必要ではないかとおもう」という部分を紹介したが、ここで検討したいのはその「平和国家」の考え方である。

「平和国家の建設のために憲法の改正は大いに必要である」と述べて、平和国家の内容を長々と書くか否か、フランスの例を挙げるなどして論じ、また現実主義者や理想主義者の考え方の長短を紹介し、最後に「日本人は憲法改正においてプログラム的な規定を欲するように想像される」と結んでいる。

そもそもこの論文は、著者から見ると「GHQ案の予告編」の意図をもって書かれたとしか言いようがないのであるが、注目したいのは、森戸に比べてその「平和国家」観はかなり異なるのである。森戸は「平和国家は理念的平和主義に留まることなく、実践的・方法論的平和主義」に進むべきだと述べたが、宮沢のそれは、「理念的平和主義」そのものであった。

そこからあらためて考えてみれば、GHQ案にもなかった九条の「平和」だったが、社会党修正案を契機に提案された内容を、なんとか短く、理念的に押しとどめてきたのは、吉田をはじめとした政府首脳であり、あるいは宮沢をはじめとした憲法学者であったということである。

さらに社会党提案では「日本国民は平和を愛好し、国際信義を重んずることを国是とする」とあり、鈴木義男の提案では「積極的平和機構への参加」とあったが、外務省を経て芦田によって提案され、最終的には日本国憲法に加えられたのは、「国際平和を誠実に希求し」へと、一層抽象的・理念的規定となり、ついには宮沢によって法的拘束力を持たない「プログラム規定」そのものになったのである。

しかも、「実践的・方法論的平和主義」を打ち出した森戸は、一九五〇年には、社会党を去り、「積極的平和機構への参加」を提案していた鈴木義男も一九六〇年に社会党から民社党へと籍を移している。初期に活躍した論客が去った後に自民党の「改憲」が、そして社会党の「護憲」が叫ばれたのである。

憲法九条一項に新たに後段を設け、「前文の『平和のうちに生存する権利』の内容については、法律でこれを定める」と加えていたら、どうなったであろうか。

第二節　「押し付け」の実像

†「押し付け」の諸相

　本書では、憲法制定過程の「押し付け」の実態も明らかにしてきたが、「押し付け」を叫ぶ人の多くは、どんな「押し付け」があったのか、どれほど具体的に知っていたのであろうか。「押し付け」のなかでも最もよく言われてきた、憲法制定過程時の国務大臣であり、政府の憲法問題調査委員会の委員長であった松本烝治の証言も紹介した（本書第二章第二節など）。それは、ひとつの典型的な、よく知られた事件であったのだが、そこに至る間になにがあったのかという問題がある。一九四六年の二月一三日にGHQ憲法案が日本政府に突然手交されたと言われ続けているが、GHQがそれ以前にいかなる政策を実施してきたのかを検討したい。

　GHQは、占領開始とともにさまざまな改革をしてきたが、その代表的なものが「五大改革指令」であろう。これは一九四五年一〇月一一日にマッカーサーから幣原首相に直接発せられ、一三日の新聞に掲載されている。

これによると、「(マッカーサー)元帥の見解」として、「ポツダム宣言を履行するにあたり日本国民が何世紀もの長きにわたって隷属してきた社会の秩序伝統を矯正する必要があろう。日本憲法の自由主義化の問題も当然この中に含まれて来るだろう」と考えられていた。「五大改革指令」とは、簡単に並べてみると、①婦人の解放、②労働組合の助長、③教育の自由化・民主化、④秘密的弾圧機構の廃止、⑤経済機構の民主化、である。

そのうち、GHQの憲法案が出される前に、婦人の解放については、一二月に衆議院議員選挙法を改正して「婦人参政権」(女性参政権)を導入しているし、労働組合については労働組合法を新設している。あるいは秘密的弾圧機構の廃止については、早くも一〇月に特高警察の廃止を含む治安維持法の廃止を行っている。

女性参政権については、そもそも明治憲法は成人男性の憲法であって、女性と子供についてはなんの規定もない憲法であったから、女性参政権は明治憲法とは理念を異にする。

労働組合に至っては、そもそも明治憲法には社会権規定そのものがなかった。さらに、秘密的弾圧機構の廃止に関しては、明治憲法二九条は「日本臣民は法律の範囲内に於て言論著作印行集会及結社の自由を有す」と定めていたので、その下でつくられた法律である「治安維持法」は「法律の範囲内」であり、そもそも合憲的な法律であったのである。したがって、治安維持法を廃止したことは明治憲法の二九条の一角を否定している。

これらGHQの指令はポツダム宣言に基づいて日本政府に命じられており、日本政府はGHQの憲法案が発せられる以前に、これらの法律を廃止し、改正し、あるいは新たに制定してきたのである。

さらに、一九四六年元日に発せられた昭和天皇の詔書の「人間宣言」は、「官民挙げて平和主義に徹し」て、「新日本を建設すべし」とし、国民との関係は「信頼と敬愛とに依りて結ばれ」ている、としている。これは、明治憲法の「天皇は神聖にして侵すべからず」（三条）、「統治権の総攬者」（四条）に反し、むしろ「信頼と敬愛」という「象徴」に近い関係を発し、さらに平和主義を建設せよとGHQの憲法案より先に平和主義を命じていたのである。しかも忘れてはならないことは、明治憲法下において天皇の「詔書」は公式令（一九〇七、明治四〇年）に定めた「国家の大事」であり、法的効力をもつ詔勅である（「勅語」とは異なる！）ことである。これを正視すれば、この段階で天皇の象徴としての地位と平和主義を言外に示していたと見ることができたはずである。

つまり、GHQの憲法案は決して突然現れたものではなく、それ以前にGHQから命ぜられ、天皇ならびに日本政府はこれを受け入れ、新たな詔書、勅令の廃止、法律の改廃を受け入れてきていたわけである。明治憲法を改正せざるを得ない法制度がすでにつくられていたのである。要は、自ら侵した戦争と受諾したポツダム宣言とを謙虚に見つめてきたのかどうか、すでに明治憲法を改正せざるを得ない状況を直視してきたのかどうか、が問われているといえよう。

そして、GHQの憲法案は、たしかに天皇の地位を象徴に変更するとか、戦争の放棄という、明治憲法から見れば青天の霹靂のような憲法であったことは事実であろう。しかし、本書の冒頭で述べたごとく、GHQ憲法案の各条文を冷静に分析してみれば、その章別(章の編成)、あるいは条文形式など、形式的には明治憲法の形式をできるだけ取り入れており、単純な「押し付け」とは言い難い形式を見出すこともできるのである。

もちろん、GHQ憲法案を日本政府に手交した後においても、どう考えても「強引」と考えざるを得ない場面を見出すことはできる。GHQ案を土台につくった政府の憲法草案要綱案の作成を急ぎ、GHQが日本政府に当初予定して伝えた時期の一九四六年三月一一日よりも一週間も早く完成するように督促したこと、さらにその審議を三月四日朝から昼夜を問わず三〇時間にわたって行ったことなどは、その典型であろう。しかし、従来からそのような場面だけを「押し付け」と考えてきたことは、著者も含め想像力が貧困であったと言わざるを得ないことに気付くのである。

われわれは、憲法制定過程をあまりにも視野狭窄的に特化して考えてきた。つまり、憲法制定過程は、さまざまな憲法問題と関連しており、なかでも天皇の地位の決定はなによりも高い優先順位を与えられていたのである。より具体的には東京裁判の行方であった。

これらは、連合国、具体的には極東委員会（FEC）の行方を考慮せざるを得ず、本書で述べたごとく、急いだことが結果的に、「押し付け」る事態を招いた。しかし、それによって、多くの国民が願っていた天皇制の存置が可能になったことをあらためて考え直すべきだ。

そして最後に、日本国憲法は、明治憲法の手続きを採用して明治憲法の改正として成立しているが、その手続きは十全に行われてきたのである。そしてさらに、憲法施行後にFECとマッカーサーは、日本政府と吉田茂に対して日本国憲法の「再検討」をしてもいいとの指示を与えていたのである。それは、やはり急いでいたことをGHQは自覚していたためであろうと推測される。これに対して、日本政府は、再検討をしたいとする意思表明をしていなかったのである（前掲『日本国憲法の誕生』三六二頁以下）。そのことは、「押し付け」をよく知っていた日本政府も、さまざまにあった不満がこれによって「治癒《ちゆ》」されたことを表明したと理解されても当然であろう。

†みんな知っていた「押し付け」

そもそも押し付けられたことを、「みんな知っていた」というのは、少々言い過ぎであろうか。正確には、「ほとんどの政治指導者や指導的学者はその時点で、政府の憲法案の原型はGHQ案だということを、みんな知っていたに違いない」と判断できるのである。

自由党の衆議院議員北昤吉は、衆議院本会議でGHQが介在していたことを指摘しつつ、政府の憲法案は「一歩進んだ憲法」と見なしながら、こう論じていた。

従来現れた諸政党、諸団体の憲法改正案よりも遥かに急進的のものであることは、此の草案を一見すれば何人も疑う余地はないのであります（拍手）。社会党が此の草案発表に先だって発表した草案でも是よりは稍々《しょうしょう》保守的であると看做《みな》さなければならぬのであります。そこで斯くの如く民間の諸政党、諸団体よりも一歩進んだ草案が、我々の期待せざる間に突如として発表されて、今日此処に議題となって居るからには、恐らくは政府単独の意思ではなく、色々の国際関係から来たものと考えられますので、其の経過を出来得る限り詳細に御報告願いたいと思います（第九十帝国議会衆議院本会議議事速記録第五号、六九頁、一九四六年六月二六日）。

この時点では、つまり本会議では、北は「色々の国際関係」などと言葉を濁している。しかしその後、議論は「憲法改正特別委員会」に移り、さらに政府の草案を具体的に修正し、「憲法改正案委員小委員会」を設置し議論を進めることになった。それは衆議院の共同修正案を決める一四名という少数の委員からなる小委員会であった。

この小委員会は、逐条審議をする場となり、従って政府委員と議論するのではなくて、基本的には委員同士の懇談を通じて修正案を練り上げることを目的としていた。しかも議事録は作成するが公表しない（すでに述べた「秘密会」）ということになり、委員にとって「自由」な意見表明の場であった（議事録の公開はなんと四九年後の戦後五〇年目にあたる一九九五年であった）。もちろん、北はこの委員として出席していた。この秘密会で北は本会議と違ってかなり率直に発言している。

憲法を審議する用意としては、敗戦国として日本を建直すの必要と云うことが勿論第一義に置かれねばならぬが、憲法の文章までも翻訳的に日本文なしからざるものを残して置くと将来恥になる。思想の良い所があれば採入れても宜い、制度の良い所があれば採入れても宜い。

審議が始まると、北の発言内容は徐々に具体的になってくる。

前文の修正点に付てご説明申上げたいと思います。本会議や委員会のような公開の席では申しにくいのであります。と云うのは、是は私共英文と日本文と両方一緒に並行的に起草したものであると云う前提から言って、日本文の不正確な所が大分あります。……「日本国民は正当に選挙された国会議員を通じて行動」するものであって、是は英文を御参照下されば非常に結構だと思うのです、……「ウイー・ザ・ジャパニーズ・ピープル・アクティング・スルー」、と英文では唯「スルー」とあるのを、「通じて」となって居りますが、此の「アクティング・スルー」の「スルー」は、英語をおやりになった方は御存知でしょうが、「プレポジティヴ・パーティシプル」で「フー」に相当するものであります（前掲『第九十回帝国議会衆議院　帝国憲法改正案委員小委員会速記録――復刻版』一九四六年七月二五日、五〜六頁）。

というように突然、カタカナ英語がスラスラと飛び出してくる。北がこの小委員会に自由党から選ばれたのは、兄がかの著名な政治理論家の北一輝であり、自身も戦中期から代議士で、後の鳩山一郎首相の側近になったことによるものであろうが、加えてアメリカへの留学経験があり、英語の理解にたけていたためであったと考えられる。それにしても、こういう発言からは、北は日本語の憲法案のみならず、英文の憲法案も読んでいたのではないかと考えられる。また、これを聴いた他の委員が驚いているようにも思えないことを考えると――他の委員も北のようには英語を使えないとしても――政府草案の原文が英語であることは、衆議院議員はほとんどすべてが、すでに重々知っていたのではないかと推測できる。
それでは、貴族院議員はどうか。日本国憲法を審議するにあたり、かなりの学者が天皇に命じられた勅選議員として、貴族院議員になっていた。そのうち憲法学者で貴族院の憲法改正特別委員会の委員は、宮沢俊義東大教授をはじめ、佐々木惣一京大教授、浅井清慶大教授などがいたが、もっとも代表的な学者委員は、南原繁東大総長であった。その南原は、衆議院から貴族院へ憲法改正案が送付された直後の貴族院の本会議で、つぎのように述べたのであった。

（政府の憲法改正案にいたる）この間における政府の苦心については察するも、われわれは日本政府が自主自立的に責任を持って、ついに自らの手によって作成しえなかったことをすこぶる遺憾とし、これを日本国の不幸、国民の恥辱とさえ感ずる者である。かくては新憲法は上より与えられたというだけでなく、これはまた外より与えられたとの印象を国民に感ぜしめる惧れはないであろうか。現に巷間さような憶測の行われつつあるのは覆うべくもない事実である。もし、国民の相当範囲に浸透するに到らば、新憲法の安定性から見てはなはだ憂慮すべきことと思う（前掲『南原繁著作集　第七巻』一六頁、一九四六年八月の帝国議会貴族院本会議における質問演説）

この一見当時としては驚くべき演説を、議事録ばかりでなく南原自身が著作集に収録している。しかも南原は、のちに議会で日本国憲法を承認し、その後、憲法改正に反対する「憲法問題研究会」で講演もしている。これは、貴族院の本会議であるから、ほとんどの貴族院議員が聴いていたに違いない。東大の憲法研究委員会の、すでに紹介したごとく、宮沢はじめ東大法学部の二十数人の学者は、憲法案がGHQ製であることを知っていたことになる。

指導的な政治家、学者は皆知っていたのであって、それに連なる官僚も、司法界の裁判官も、各界の指導的立場にいた人々は、程度の差こそあれ、ほとんどの人々が政府の憲法案が、GHQで作られたことは——耳うちされた人も含めて——知っていたのではないのか。知らなかったのは、われわれ「普通の人々」だけだったのである。しかも、のちに「押し付け」を主張した議員も含めて議会では、共産党所属の議員を除いて、みな賛成票を投じてきたのである。

とすると、それからだいぶ経った一九五四年を前後して、雨後の筍のごとく「押し付け」論が簇生《そうせい》されたことは、なにを意味していたのであろうか。再軍備という政治の季節を目の前に、改憲志向の政党から出されてきたことははっきりしているが、それでは、その対極にいたはずの国会議員や、象牙の塔の学者は、どうして口をつぐんでしまったのであろうか。

こうした指導者は、「押し付け」の事実を知ってはいても、なんらGHQに対して抵抗あるいは対抗できなかったばかりか、元来権力に弱い体質であることもある。こうした屈辱的な事実が多くの国民に知られることは、政治指導者であれ、学者であれ、自らの資質が問われることであり、国民に知られたくないと考えたに違いない。

しかも、七〇年目にして、本書が明らかにしたごとく、九条の「平和条項」が、少数の議員によってではあるが、自発的に修正されていた事実を勘案すれば、押し付けの虚構性は明白ではないか。

冷戦の開始とともにGHQの政策は米国政府によって変更される。GHQの日本国憲法の制定に象徴される「平和と民主主義」の政策は、しかも日本国憲法の施行(一九四七年五月)直後から、米国、なかでも国防省(占領政策の中核)の政策は急速度に変化を始める。日本国憲法と民主主義に心血を注いだC・ケーディスは、憲法施行二周年の日(一九四九年五月三日)を選んで、米陸軍省に辞表を提出、GHQを離れた。

占領終了とともに、GHQはいなくなったが、あらたな日本の権力者となった米国政府は、再軍備を推進し始めたのである。

†蓋をしたかった占領

そもそも「占領」という言葉が人口に膾炙しだしたのは、いつのことであったろうか。著者は、六〇年代後半に国会図書館の、いまはまったくなくなってしまったカタログカードを繰っていた頃のことを思い出す。「せんりょう」を繰って出てきたのは「染料」であった。たぶん、「占領」という表題の書籍がほとんどなかったのであろう。たしか『占領軍調達史』と書かれた特別調達庁のカードが一枚あったように記憶している。

敗戦直後に日本政府が使った言葉は「保障占領」であった。それは第二次大戦後の国際法用語でもあったが、日本人の多くは、「占領」という言葉から、たとえばフィリピン占領、満州占領、ジャワ占領を想起し、あるいは戦場から復員してきた日本軍人は、自ら行ってきた「あの凄まじい蛮行」を連想しても不思議ではない時代であった。占領してきた者が、される立場になったのである。そこで「あの占領」と違うことを強調するために「保障」を付け加えて「保障占領」としたのではないのかと思われる。

GHQの指令の翻訳や解説を行っていた研究会で、東京大学法学部内に設置された占領法令の研究会は「日本管理法令研究会」と名付けられた。いかにも「占領」に蓋をしたかった気分が伝わる名称である。

いまは当たり前のように用いる「占領軍」だが、当時は言葉として定着するのにかなり時間がかかったのではないのか。長い間「進駐軍」と言われてきた。しかも、講和条約（平和条約）発効後は、日米安保条約の下で日本に駐留している米軍は「駐留軍」とかなり似通った言葉なので、「占領軍」は一層死語になったのだろう。とにかく、占領期は、事の本質をズバリと衝く表現を――占領期が過ぎてしばらく経っても――避けてきたように思える。

それはまた、占領があったのだから、つまり敗けたから占領があったのであり、「敗戦」を用いることが当然であったのに、あえて「終戦」としてきたこともそのためであった。多くの国民も長年にわたって平和に飢えてきたのであるが、それは同時に「国体」意識、日本が根本から変わったなどということは、わかっている人々の頭も丹頂鶴のごとくであった。戦前のあの「誇り高い日本的観念」はそう変わらなかったのだから、こうした「言い換え」を簡単に受け入れてきたに違いない。言葉の「言い換え」によって思想の中身も薄められてきたのである。

それにもかかわらず、第二次大戦の占領は、占領者が被占領者の政治体制の変革を迫ることを目的とした。したがって占領は軍事力以上に政治力における厳しい対決であった。しかも、日本の場合――あるいはドイツも同様であるが――占領の後半は、同時に冷戦の始まりでもあった。

占領開始直後のよく知られた話であるが、歌人の斎藤茂吉は、天皇とマッカーサーの初会見を伝えた新聞の写真を見て、「ウヌ、マッカーサーの野郎」と日記に書いたという。モーニング姿で直立不動の昭和天皇に対して、隣に立つマッカーサーは、背が高いうえに、ノー・ネクタイで腰に手をあて、なんとも不遜な態度。そんな外国人の写真に接して、「この野郎」とつぶやく日本人の気持ちは当時にあっては自然であったに違いない。

従って、日本を代表する政治家の吉田茂首相ですら、「向米一辺倒」と言われ、マッカーサーにMy Dear General（親愛なるマッカーサー元帥）と手紙を書き続けてきたにもかかわらず、吉田は議会で憲法の審議が始まる頃、事もあろうに枢密院の諮詢の折「GHQというのはGo Home Quicklyの略語だと冗談にいう者もいる」と言ったほどである（前掲『憲法成立の経緯と憲法上の諸問題』三三七頁）。GHQとは、本来は言うまでもなくGeneral Headquartersの略語であり、日本語では「総司令部」の意味である。いかにも、「冗談をいう者もいる」と他人の冗談のように言っているが、実は自らGo Home Quickly（早くアメリカ本国に帰れ）と言いたかったのではないのかと思いたくなる。

占領は六年八か月という長期間に及んだが、占領政策の視点から見れば、前半は「非軍事化と民主化」であり、後半は「経済復興と再軍備」に変わった。米国の冷戦政策の進行である。「非軍事化と民主化」の頂点に「平和と民主主義」の日本国憲法の制定があったが、冷戦による変化である。それを当時の政治指導者から見れば、戦前の戦時体験が終わって、戦後の平和と民主主義の洗礼を受け、なんとかGHQの政策に馬を合わせてきた束の間、わずか三年前後で米本国政府は日本再軍備へと政策を大きく転換し始めたのである。

そもそも近代憲法を受け入れる思想的土壌がなかった日本の保守勢力にとって、GHQの憲法案は受け入れ難かったに違いない。そうしたなかで、米国の本国政府自身が「平和」より

「再軍備」を選び出したのである。日本の保守勢力が「それ見ろ！」と手を叩いて喜んだであろうことは想像に難くない。こうして占領は文化のアメリカ化が進行するのに反比例して、民主政治のアメリカ化に蓋をすることになったのである。わずか三年の経験では、制度は十分に定着できず、蓋をすれば泡のごとく消え去る年月であった。

芦田のごとく、憲法制定のころは、民主主義・平和主義を強く主張しつつ、「逆コース」が始まると再軍備に備え、それがみごとに当たると、占領終結を前後して、冷戦が進行するなかで「芦田修正」を持ち出し、「自衛戦力合憲論」を唱え始めたのである。芦田ほど上首尾に蓋ができた者はそういないが、多かれ少なかれ、人それぞれに政治家も学者も蓋をしてきたのである。

社会党の場合は「蓋をする」ことまではしていないが、沈黙していた。それは、憲法学者も同様であった。すでに述べたごとく、憲法制定過程で自らがやってきたことを口外していない。社会党の場合は、その後社会党を離れた議員もいたが、憲法制定時に社会党の議員として平和主義・民主主義のために活躍してきた輝かしい歴史にほとんど触れていない。

日本社会党五〇年史編纂委員会編『日本社会党史』（社会民主党全国連合、一九九六年）は、一二四一頁の大著であるが、「憲法制定過程」に関してはわずか三頁のみで、「戦争放棄」に至っては、マッカーサー三原則に触れているにすぎず、事実上なにも書かれていない。社会党の修正案については、一九四六年八月二四日の修正（国民主権、教育の機会均等、財産権の制限）のみで、本書で触れた歴史に残る重要な修正と思われる社会党による憲法九条の修正などにもまったく触れていない。これが「護憲の社会党」だったのかとあきれかえる。

さらにまた、その後のことになるが、戦後五〇年の一九九五年に衆議院の憲法改正小委員会「秘密議事録」が公開された際に、これほどまでに公開が遅れた理由に関して、著者は「押し付け」を主張してきた改憲派にとってその虚構性がはっきりするので公開に反対してきたと考え、「押し付け」を否定してきた護憲派は、当然に公開を望んでいたと考えていたのであった。しかし、半世紀後の実態はそうではなかったようだ。一九九五年九月三〇日付「読売新聞」はこう伝えている。

「一九八一年、衆院議長の私的諮問機関『議会制度協議会』（各党の議運委理事で構成）が非公式に協議し、自民、民社両党は『制定過程を知っておくべきだ』と公開要求。しかし、護憲を掲げる社会党は五六年とは異なり、『押し付け憲法論に利用される』と反対し、共産党も『時期尚早』との立場で公開には至らなかった」ということである。さもありなんと思わざるを得ない。

みな占領に蓋をしてきたのである。しかもその多くは今もそのままである。

われわれは、どういう気持ちで敗戦を迎え、明治憲法とどう向き合ったのであろうか。それはまた、われわれの「戦後」を、「戦後民主主義」を、あるいは「平和憲法」を、たしかにすでに多くが語り尽くされてきてはいるが、考え直す機会でもある。

†「松」と「竹」の間

昭和天皇は、昭和二一（一九四六）年の元旦、「ふりつもるみ雪にたへていろかへぬ松ぞをゝしき人もかくあれ（降り積もる深雪に耐えて色変えぬ　松ぞ雄々しき人もかくあれ）」と詠っている。なにかにつけ語り尽くされてきた、よく知られた歌である。なにしろ、戦後五〇年を超えた昨今、日本の首相にも詠み継がれているのだから。小泉純一郎首相は、二〇〇二年の施政方針演説で、安倍晋三首相は、二〇一三年の政府主催の「主権回復」式典で、この「松上雪」に触れている。

たしかに、皇居は松の林に覆われている。そこに降り積もった雪を詠ずる。富士山を詠むこととともに日本を象徴する歌であり、多くの人々に愛されてきても不思議ではない。人も松のごとく、辛く厳しい時勢であっても、心変わりなどせずに雄々しく生きなさいよ、という教えは、まさに「日本人の生き方」を示すものであろう。「これぞ日本だ、私の国だ」と思える。

ところで、その対極にいたGHQの役人は、「松」と比較していたかどうかは不明だが、日本人を「竹」に見立てている。そのGHQの役人とはマイロ・ラウエルで、GHQの憲法案を起草した時の中心的人物であり、ハーバード大学のロー・スクールを出た生粋の弁護士であった。

ラウエルはこう言っている。「日本人はアラシの中の竹の姿を愛する。竹は強風が来れば首を下げ、嵐が去るとまた元に戻る。西洋人なら、強風に対して鉄の壁で防ごうとするだろう。このわれわれとは根本的に物の考え方の違う日本人と抽象的な話し合いをしてもムダである。憲法なら憲法の具体的な文章にした案を示して、実物でわからせるより仕方がない」（週刊新潮編集部編『マッカーサーの日本』新潮社、一九七〇年、一一五頁）。

昭和天皇は、松のように雪の重みに耐えて色を変えてはならない、と説き、一方ラウエルは、あなたがたは、竹のように強風が来れば首を下げ、嵐が去るとまた元に戻る、と説く。まったく異なる日本人像を描いているようであるが、まさにどちらも日本人にとって、かくあってほしいという願望と、そうとしかあり得ないという諦念との両面が同居していると思えないであろうか。

なんとも相矛盾した、二律背反的な、ときには「あいまいな」精神構造である。皇居の宮殿には「松の間」と「竹の間」が並んでいるからという訳ではないが、一見異なる生き方や性格が、あの占領期には従来の民族性を超えて生きることが、「強制」されたのである。当時の言葉で「自由になることを強制された」(forced to be free) という表現があったが、「自由」と「強制」という、なんとも矛盾した、これがわれわれの「戦後民主主義」であり、「日本の近代化」であり、「平和憲法」であったのである。

第三節　戦争と平和の間で

†「白い平和」と「黒い戦争」

われわれは、悲惨な戦争を一五年にもわたり経験し、その後のわずか三年前後の占領改革によって憲法をはじめ「平和国家」の骨格をつくってきた。その後は冷たい戦争(冷戦)の時代に入り、日本は直接戦争にまみえることはなかったが、その後半世紀を超えて「ぬるま湯」に浸かって、米国の「熱い戦争」の下で、徐々に軍事化する時代を生きてきた。「平和国家」は、年々形だけになってしまった。

しかし、その間、平和も戦争もすっかり様相を異にしてきている。それを一言でいえばかつてのごとく「白い平和」と「黒い戦争」の時代ではなくなったということである。冷戦は、無制限な核開発や核保有を可能にし、世界を二分する軍拡競争を招いたが、核を現実に使用することはできなくなり、世界戦争は時とともに現実性を失い限定戦争へと移行した。ただ、限定であっても戦争とは、国家同士が国軍（政府軍）を中心に行うものであり、その点はなんら変わることはなかった。軍隊は主権行使の中核であり、他国（軍）を殲滅し、国の独立を守ることを必須とする存在であった。

冷戦下で戦争の悲惨さを遠方から見てきた日本は、「平和憲法」の下、米国の「ビンの蓋」政策もあり、激変してきた「戦争と平和」の渦中にはなかった。とくに冷戦後の世界は大変革を遂げているが、われわれが感じ、教えられてきた「戦争と平和」は、多くの場合、第二次大戦で経験した総力戦のままであり、「九条があるから平和」であった。

実は日米安保条約は、日米安保共同宣言（一九九六年）以来、ほとんど形ばかりになり、実際は「ガイドライン」によって大きく変化を遂げてきたのである。だがそんな「日米防衛協力のための指針（ガイドライン）」で有事立法がつくられてきているとか、それと「平和」との関係を考える人々と出会うことはまずない。

「戦争」とは、本来国家による他国に対する宣戦布告を意味するが、そのような「戦争」はもはや数少なくなった。たとえば世界的によく知られているスウェーデン・ウプサラ大学の研究所の統計によれば、二〇一三年の全紛争件数は三三件であるが、そのうち戦争にいたらない紛争も含め、一〇〇〇人以上の死者が生じた大きな紛争の件数はわずか七件に過ぎない。あとは、すべて小規模紛争（二六件）なのである（*Journal of Peace Research*, Vol.51, no.4, 2014 July, pp. 543）。

多くの紛争は国家と国家の紛争ではなく、国家と集団、あるいは集団同士の紛争へ、軍隊組織に見られる大きな部隊行動から小規模集団行動へ、さらには軍隊から警察へ、あるいは軍隊と警察の中間形態の警察隊（治安警察）へと変化してきている。こうして今は、かつての戦争と異なり、「軍隊は紛争をなくすには大きすぎ、平和を確立するには役に立たない存在」になった。オバマ米大統領は、二〇一五年の一般教書演説で、イラク・アフガニスタン戦争から「教訓を学び」、地上軍を投入しないことを表明したが、「軍隊」の行く末を暗示しているといえよう。

そんななかで、国連憲章も想定していなかったPKO（国連平和維持活動）が紛争を解決し、平和を構築するうえで大きな役割を果たしている。日本の場合は、PKOの派遣も自衛隊という軍隊を派遣している。昨今の「グレーゾーン」の論議は、軍隊か警察か、の間にあるゾーンを軍隊化して「ブラックゾーン」にする方向にある。

平和のためと称する軍事行動は、膨大な非戦闘員（民間人）から犠牲者を生み、軍隊こそが人間にとっての脅威、「敵」になってしまった。イラクに派遣された自衛隊が「一発でも銃を撃っていたら自衛隊と住民の関係、自衛隊に対する武装勢力の行動は変わっていたであろう。住民の反発を背景に武装勢力は攻撃を強め、自衛隊は抑制が利かない状態になることが容易に想像できる」と、現場を知る識者はいう(谷山博史「紛争現場からの警鐘」、「世界」二〇一五年一月号、一二〇頁)。また紛争は多くの難民を生み出し、人間の尊厳を摩耗させ、感染症を蔓延させてきている。

そればかりか、戦争以上に、戦争に代わるとてつもなく大きな脅威、まさに地球規模の脅威である気候変動(温暖化)が人類を襲い始めている(アル・ゴア『未来を語る』KADOKAWA、二〇一四年、四一二頁以下)。この脅威に対して、軍事力では歯が立たない。

国民国家そのものも徐々に変わり始めている。かつて軍隊といえば国家、つまり政府の専有物であったが、いまや主要国では新自由主義政策の下で「民間軍事会社」が設立され、すでに戦場で展開し始めている(P・W・シンガー『戦争請負会社』日本放送出版協会、二〇〇四年)。一方、いまやNGO(非政府組織)が、とくに紛争後の平和構築で大きな役割を果たすようになった。民間軍事会社とNGOという相反する両極の私的セクターが現れはじめたのだ。

ことほど左様に、平和と戦争の構図は、この四半世紀で根本的に変わったのである。

†警察力という選択肢

戦後七〇年、日本にはレスター・ピアソンのような政治家は出ていない。当時、カナダの外相であったレスター・ピアソンは、冷戦のさなかの五〇年代中頃、スエズ運河をめぐって、英・仏そしてイスラエルとエジプトが軍事対立するなかで、その解決のために国連の「平和維持軍（第一次国連緊急軍）」の派遣を提案し、実現した。「平和維持軍」はいまでは国連の紛争解決で大きな役割を果たし、「平和維持活動（PKO）」へと発展してきた。こうして今ではピアソンが「PKOの父」と呼ばれている。ピアソンはノーベル平和賞を受賞した。

ちなみに、カナダには「戦争の放棄」の憲法もなければ「平和国家」のスローガンも掲げていない。ただ、こういう行動には、平和の実現のために、大国も恐れない勇気が必要だ。カナダはベトナム戦争に参戦していないし、ピアソンは首相時代にアメリカの北ベトナム爆撃を堂々と批判し、ジョンソン米大統領の怒りをすら買っている（Lester B. Pearson, *Mike, the memoirs of the Right Honourable Lester B. Pearson*, Vol. iii : 1957-1968, 1975, p.135)。

われわれは、世界に類例のない「戦争の放棄」の憲法を実現したが、平和を堅持しつつ、平和が脅かされない「世界に類例のない」平和政策を実現してこなかった。しかし、その必要性が、憲法制定過程も含めて提起されてこなかったわけではない。軍備不保持にともなう安全保障の問題は、つまり軍事力と警察力の間の、いまはやりの表現で言えば「グレーゾーン」問題は、日本国憲法誕生直後の一九五〇年代から存在し続けてきたのである。

その最初は当時のソ連、韓国、中国による日本漁船拿捕事件として始まった。

ソ連の場合は日ソ共同宣言（一九五六年一二月）の前、韓国の場合は李承晩大統領による操業禁止区域（一九五二年の李ライン、韓国では「平和線」）の設定後、多くの日本の漁民と漁船が拿捕されたのである。拿捕された隻数は、海上保安庁の統計によると講和条約発効前までで二三五隻、発効後で四七四隻という莫大な数にのぼった（古関彰一『「平和国家」日本の再検討』岩波現代文庫、二〇一三年、一五五頁）。

当時日本は、再軍備が大問題となっていたが（自衛隊の設置、一九五四年）、こうした国民の生命と財産に関わる大問題であったにもかかわらず、むしろ再軍備の陰で海の警察である海上保安庁の活躍はほとんど問題視されず、いまやこの拿捕問題は「平和問題」からも「昭和史」からも忘れ去られているほどだ。

しかし、冷戦の開始以前の憲法制定過程の段階では、議員や学者によって軍備不保持に伴う警察力の問題は、提起され続けてきていたのである。

憲法九条は、その成立過程において、「戦争の放棄」を真剣に考えてきた政治家や学者ほど、その実現に一抹の不安を残していた。「戦争の放棄」を発案したのはマッカーサーであったと著者は考えているが、マッカーサーは胸中で沖縄の基地化を前提にしていた、とも述べた。しかし、その「沖縄の基地化」は、誰にも知られなかったので、一部の政治家や学者は当時から「戦争の放棄」に疑問を抱いてきた。

すでに本書では、九条に「平和」を追加するために大きな役割を果たした鈴木義男が、「積極的平和機構への参加」を提案していたことも紹介したが、鈴木は憲法施行の翌年にも、自書で「国際警察軍」に触れている。

鈴木は今後日本を侵略しようとする国が現れる可能性を否定したうえで、つぎのように論じている。「かりに防衛の必要があるとしても、その防衛を各国の自力にだけ委せずに、集団の力によって保障しようというのが、国家連合の新使命である……今日の世界は団結の力をもって、戦争を弾圧し、平和を保障しようとして居るのである。国家連合は将来……侵略戦であると認定すれば、これをやめるように勧告するのである。この勧告に応じない場合には、……経済断交その他の圧迫制裁を加えるのである。それでもきかない場合には、国家連合が編成する国際警察軍というものをさし向ける。……国境というものがそう絶対的な意味をもたなくなる」（鈴木義男『新憲法読本』鱒書房、一九四八年、三七〜三九頁）。鈴木がここで「国家連合」と書いているのは、当時も「国際連合」（United Nations）は存在していたが日本では知られておらず、こう表現したと思われる。訳語としては「国家連合」の方がわかりやすい。ただ戦時下でUnited Nationsは、日本の敵の「連合国」であった。

鈴木安蔵もすでに紹介したように、「戦力を持たないだけで、平和国家になれるか」と疑問視していた。

さらに本書では紹介できなかったが、海軍大将や開戦時に駐米大使を務めた野村吉三郎も、一九四六年の憲法改正の際の枢密院で「コースト・ガードの如きもの」が治安維持のために必要だと述べていた（前掲『日本国憲法の誕生』二九〇頁）。「コースト・ガード」とは、現在の日本の海上保安庁にあたる、海上警察組織である。

さらに、南原繁も再軍備が進行し始めるなかで、貴族院議員時代に「警察」を認めるべきだと主張してきたと憲法問題研究会の講演で述べている。

「私の意見は、新憲法における戦争否定と軍備廃止の精神はあくまで維持すると同時に、憲法制定の時以来問題になっている厳密な意味の自衛のための最小限の武力の保持は警察という名分と機能の範囲において認めることである。言いかえれば、単に名義だけでなく警察的目的と機能から来る必然の限界と程度がその行動と装備の上にもある筈である」（前掲『南原繁著作集第七巻』一九六二年一月「憲法問題研究会での報告」一三三頁）

このように見れば、戦争放棄の九条の条文化に積極的な関わった、あるいは懐疑的であった政治家や学者は、治安機関としての警察力に注目してきたことがわかる。しかし、当時にあっては軍備不保持との関係で警察力を考えたり、国際的な観点で考えることはまったくなく、ひたすらに国内治安との関係のみから警察力を考えてきたと言える。

こうしたなかで、憲法の軍備不保持との関係からではなく、日本の安全保障、なかでも日米安保条約の視点で、しかも国際的視点をもって、警察権の意義を理論化したのが、国際政治学者の坂本義和である。

坂本は、冷戦下でも全体戦争（総力戦）のみならず、局地戦争もあり得ないとしたうえで、「私は、中立的な諸国の部隊から成る国連警察軍の日本駐留を提案したい」と述べた。提案にあたって、その前例として、一九五六年の「国連総会によって創設された国連緊急警察軍」を挙げた。それはまさに、先に紹介したカナダの外務大臣レスター・ピアソンの提案であった。

坂本は、この構想の中で、（1）駐日国連警察軍は、中立的な立場をとる国々の部隊に限られること、（2）部隊は国連総会によって任命された司令官の指揮下に入ること、（3）国連警察軍は当然に非核装備でなければならないこと、（4）その経費は日本国民の負担とすること、の四点を挙げた（坂本義和「中立日本の防衛構想――日米安保体制に代わるもの」、「世界」一九五九年八月号、四二頁）。

さらに、冷戦後の湾岸戦争から、国連のＰＫＯの派遣が行われたなかで、坂本は、再び「国連警察軍」型の構想を提案している。それによれば、「日本はＰＫＯに参加すべきであるが、軍事的強制行動型のＰＫＯには参加すべきでない」としつつ、「戦闘目的でなく、違った任務を負うものであるから、自衛隊の派兵はしない。ＰＫＯの目的に最も合致した別組織を、ＰＫＯの待機部隊として常設すべきである」とし、「警察機動隊の国連版ともいうべきもの」を構想していた（坂本義和「平和主義の逆説と構想」、「世界」一九九四年七月号、三三～三四頁）。

いわゆる「戦争」と「国家中心」の時代が終わりつつあり、集団による紛争、あるいはテロ行為が後を絶たない時代には、軍隊以上に警察が意味をもつ。国家による戦争行為には軍隊は有効性をもったが、集団による犯罪行為には警察力が法的有効性をもつことは論を俟たない。犯罪行為をなくすために警察のみが、犯罪者に対し武器を持って治安を維持し、逮捕、取調べ、勾留する権限を持っており、その後は必要な施設で刑に服させ、更生させることができる。軍隊にはそのような権限も施設もない。

しかし、日本では警察と言えば、中心は公安警察であり、公安警察は事実上思想警察となる。国境警察は、陸の国境がないため存在せず、海上保安庁があるにすぎない。

†国連緊急平和隊

ところが国連では、だいぶ以前から軍事力中心ではない安全保障構想が検討されている。たとえば、国連緊急平和隊（ＵＮＥＰＳ：United Nations Emergency Peace Service）が構想され、世界から専門家がスペインに集まって二〇〇五年に「提案」を公表している。それによると、「大量虐殺、戦争犯罪、人道に対する罪を防止する」ことを目的とし、機関は機動性のある常設機関とし、隊員は「自由意志に基づく個人」からなり、発足時は最大一万五〇〇〇人を想定し、「専門的かつ言語能力」を有し、活動は「人権、ジェンダー、治安（police）、軍務（military service）、人道支援、司法手続並びに刑罰問題、紛争構造の転換と環境保護」に亘るという。「平和隊」と言っても軍事にかかわるが、その軍事は、旧来の軍隊（army, armed force）、日本の場合は自衛隊（self-defense forces）だが、そうではなく、ここでの「平和隊」や「軍務」の原語は service である。つまり、「力」（force）の時代ではなくなったことを意味していると言えよう（Annie Herro, UN Emergency Peace Service and the Responsibility to Protect, Routledge, 2015, p4）。

われわれの警察経験は実に貧しく、「軍隊は外、警察は内」という先進国から見ると非常識な常識を固く信じ、軍隊を持たない「劣等感」から軍隊願望すら生れている。軍隊も警察もともに安全保障組織であるが、われわれにそういう観念はない。脅威は変わったのである。軍隊中心ではなく平和と非軍事の安全保障の実現のために、警察権という選択肢の可能性を見出さなくてはならない。

第四節　七〇年目を迎える「平和憲法」

†よく「消化された」憲法

日本国憲法から「占領憲法」の烙印が消えることはないであろう。日本国憲法は東京裁判開廷日から丁度一周年にあたる一九四七年五月三日に施行され、以後「憲法記念日」となっている。とはいえ、国民にそうした事実はすっかり忘れられてしまっており、国民の意識は「占領憲法」というより、「大国アメリカによってつくられた憲法」なのではないのか。

というのは、憲法への関心は、占領下よりも占領後であり、やはり「押し付け」論とともに、ナショナリズム意識が底辺にあったが、そこには「豊かな大国」によって力ずくでつくられた憲法に対する反発、さらにはそれ以前の軍事力による敗北への反発が強かったと見ることができるだろう。しかも占領下の政治の実態は学校で知らされてこなかったのではないのか。

あらためて憲法の制定過程を見直してみると、一定程度の識者は「押し付け」の事実、より正確には政府の憲法草案の原案はＧＨＱがつくったという事実を知っているが、子細に分析してみると、従来の主張とは異なって、ＧＨＱ案は明治憲法の形式・表現方法を十分知って、それに近い草案を起草していたことまでは知られていない。

評論家の加藤周一は、一九五九年に「憲法が『アメリカから押し付けられた』といくらいい張っても、容易に『改正』できないのは、それがよく消化されてもはや自分のものとなっているからであろう」（前掲『日本人とは何か』四一頁）と述べている。

これは憲法問題を論じている論考のなかでではなく、短い「たとえ」として述べているにすぎないが、著者から見ると「よく消化された」という表現は――一九五九年という半世紀も前の指摘であることを考えなければならないが、否それだからこそ――実に鋭い考察だと思わずにはいられないのである。

もちろんそれは、ある価値の一貫性といった視点からではなく、そうでないが故の「消化」のされ方、きわめて多様な「消化」現象、あるいは加藤が指摘した頃では生じていなかった現象がその後も現れているからである。

たとえば、一条で国民主権は明確に規定されているが、それは天皇の章のなかの一条であり、天皇の地位を前提にしている。天皇の行為は、国事行為で明確に一〇項目に限定されているが、それ以外にも「象徴行為」という条文にない「解釈」で天皇の行動の自由を可能にしている。一筋縄ではない構造であるが、その構造は時が進むにしたがってますます複雑な構造に「消化」されてきている。

あるいは、二五条は、「健康で文化的な最低限度の生活」の保障を定め、合衆国憲法をさておいてワイマール憲法流の「生存権」を定めた。しかし、それではワイマール憲法の生存権規定に連動して、財産権もワイマール憲法のごとく「所有権は義務を有する」と定めて、社会国家、福祉国家のごとき規定を定めていたかというとそうではなく、まさに合衆国憲法と同様の「財産権は、これを侵してはならない」（二九条一項）と極めて古典的な財産権規定にし、二九条二項で財産権の内容を法律で定めることにしているに過ぎない。

平和主義の九条も同様である。その規定はまったく抽象的で、しかも一項の「国権の発動たる戦争」の「戦争」概念、あるいは二項の「陸海空軍その他の戦力」の「戦力」概念を法律で定めることをしてこなかった。

このように述べただけでも、「象徴行為」の内容も「最低限度の生活」も、「所有権の制限」も、「戦争」も「戦力」も、なんら憲法による規定もつくらないままに、自由な象徴行為を可能にし、所有権制限が厳しくないがために高度経済成長も、バブルもそして豊かな日本も可能にし、「平和国家」と言いつつ事実上の軍隊をもち、世界有数な軍事大国になり、軍事費は世界第八位であるにもかかわらず、海外で軍事力を行使していないことから、世界平和指数（GPI＝Global Peace Index）は、世界第六位であり、「平和国家」を掲げてきたのである。

しかも、憲法規定一つとってみても、天皇制については日本政府の意見がGHQにはほとんど受け入れられず、結果的にGHQの憲法案の「象徴天皇」を丸写しにした「押し付け」になったが、国民からは決して「押し付け」とは言われず、圧倒的に支持されている。また生存権は福祉国家を可能にし、緩やかな財産権規制は高度経済成長を可能にし、企業天国を生み出した。平和主義は、改憲勢力に目の敵にされてきたが、国民は辛うじて静かに支持してきている。

加藤周一は、「よく消化された」という言葉によってなにを意味していたのか、なんともわからないが、加藤がエッセイで「もはや自分のものとなっている」と書いた時以上に「消化」ぶりは、一層良くなっていると思われる。単純に「『アメリカから押し付けられた』といくらいい張っても、容易に『改正』できない」ことは確かだろう。

†冷戦思考からの脱却を

あらためて再確認したいことは、日本国憲法の「平和と民主主義」の時代は、わずか三年前後にすぎず、その後は「再軍備と経済復興」という「逆コース」の道を長期間歩み続けてきたのである。

加えて、われわれは、その長かった冷戦期がやっと終わったにもかかわらず、世界の常識を敢えて逆走して、しかも冷戦後が四半世紀を超えたにもかかわらず、冷戦のままの平和意識、人権意識の下にあるという現実である。

たしかに、日本と極東の現実は軍備拡大が進み、国家と国家がいがみ合う関係も拡大しているが、だからと言って軍備を拡張し、国家権力を強大化しても、事が解決するわけではないことは、すでにどこの国でも経験ずみではないのか。

「強い国」を強調し、軍拡を進めている安倍政権も、あっという間に「法の支配」を強調しているではないか。軍事力が抑止力になりうるとしても、それは、一瞬かつ一回だけであり、しかもそれによって一国の歴史が台無しにされてしまう。

冷戦下の軍拡競争は疾《と》うに終わり、あらゆる先進国が軍備縮小をおこない、安全保障政策を変更しているなかで、われわれは「軍縮」など聞いたこともなく、むしろ「軍拡」が始まっている。マスメディアも「軍縮」にはまず触れず、国家安全保障政策を唯一の安全保障と考え、現実においても歴史的にも人類は様々な安全保障を経験してきたことを議論すらしないお国柄になってしまった。

いまあらためて、敗戦直後の、占領初期の、あの「平和と民主主義」の時代を、復元し追体験してみる必要があるだろう。そうでなければ、なぜ平和憲法を選択し、GHQ案にもなかった「平和」を苦労の末に少数の国会議員が憲法に盛り込んだのか。そんな事実を七〇年間、まったく不問に付してきたのだ。「平和憲法」にとって、そのどこが不可欠で、あるいは不十分で、なにをどう変えなければならないのかという未来への展望を示さなくてはならないのではないのか。

昨今の政治情勢からは、この小さな東アジアだけが世界であり、「戦後」を見直すといえば冷戦経験しか視野になく、冷戦構造が明日へと続くと思い込み、「キナ臭い時代だ」といえば第二次大戦下の戦争体験が語られる、こんな時代認識があまりにも多すぎるように思える。自ら未来を考えられない閉塞社会を拡大再生産しているようだ。わずか三年前後であったが、あの蓋をされてきた「平和と民主主義」の、平和憲法が形成された頃を再現すること、そしてそこからあるべき未来を模索すること、それこそ、遅ればせではあれ冷戦思考から脱却する道ではないのか。

†国語科による憲法教育ではなく

評論家の中野好夫が、こんなエッセイを書いている。もはや、半世紀前の話であるが現状そのもののように思える。

中野が、一九五九年にある調査会社の依頼を受けて憲法の意識調査をした時のことである。この意識調査は、昨今の電話による世論調査などとまったく違って、意識調査だったということもあり、面接方式によるものだったという。その折出会った社会科教師の言葉からの中野の感想である。

（社会科教師の話は）近年憲法学習が、だんだん国語科的憲法教育になってゆくという一言でした。……（本来は、）内容、精神の憲法教育であるべきものが、だんだん字句の解釈や知識的暗記に傾いてゆき、内容、精神は、ほんの上っつらを流すだけで終えてしまうようになった。教師もまた、なまじ内容などに深入りせず、お茶を濁して通りたがる、というのである（憲法問題研究会編『憲法を生かすもの』岩波新書、一九六一年、八〇頁）。

これが半世紀前の憲法教育である。いまとどこがちがうのであろうか。いや、著者の知る限りは、憲法教育とは、一貫して暗記であった。ほとんど「教育勅語」並だ。多かれ少なかれ憲法は憲法がつくられた直後から国語科で行われている。しかも、九条そのものが、すでに述べたごとくきわめて短くかつ抽象的であり、具体性に欠けている。

この中野の経験は、中学校のようであるが、いまや高校も大学も変わらないのではないのか。それでも「国語科」で教え、「お茶を濁して」いればよいほうなのかもしれない。いまどきは「お茶」も出さない。憲法を本格的に教える高校・大学の高等教育の場では、九条や平和主義はまったく手をつけない場合が多いと聞く。受験勉強や資格試験では九条や平和主義は出題されないので、教えないのだという。法律を専門職とする法曹人も、官僚も、受験勉強で憲法九条や平和主義を習ったとしても「国語科」で習ってきたに違いない。

しかしそれは、決して否定的なことではないのではないのか。本書でも紹介したごとく、憲法九条がどのようにして立法化されたのか、憲法前文を誰が起草したのか、そうした経緯が解明されることなく、「蓋をされたまま」七〇年を過ごしてきたのであり、それでも憲法の条文に関係なく、「よく消化されて」、多くの国民の胸に落ち、納得してきたからである。

それは、われわれの戦後は、近代憲法である平和憲法を学んできた七〇年間でもあったからだ。たしかに国語科で学ぶことは困るが、いわば「青空のもとの教養憲法」を学んできた七〇年間でもあったのではないのか。

†新たな脅威に備えるために——自由権から生存権へ

われわれは、「平和」を「戦争」との関係で、多く語ってきた。「戦争がなければ平和」という考え方がそれを象徴している。こうした「戦争をさせない、戦争を止めさせる」という平和は、国家に対して戦争を禁ずる平和であり、古くは五〇〇〇年も前のギリシャのころから続いてきたといえよう。ところがその後の戦争体験は戦争が始まる前に戦争を予防し、平和をつくりだすという考え方に変わってきたのである。

日本国憲法は、九条で戦争の放棄と軍備不保持とを国家に命じているが、そればかりでなく、前文で「恐怖と欠乏から免かれ、平和のうちに生存する権利」を宣言し、戦争以前の「恐怖と欠乏」の除去を定めている。それは、「恐怖と欠乏」の除去を国家に命ずることによって、われわれが「平和のうちに生存する権利」を有するということである。

われわれは、平和といえば憲法九条を考える場合が多かったが、平和のためには国家に戦争を禁ずるだけでなく、国家に「恐怖と欠乏」の除去を命ずることの重要性を、つまり戦争の予防の重要性を意識しだしたとも言える。

いまや平和は国家に対して戦争を止めさせるという、いわば人権の自由権のみならず、恐怖と欠乏の禁止という、より広い生存権の視点を国家に求める時代になっているということであろう。

それはなによりも冷戦下の「恐怖と欠乏」の除去が、以前にも増して深刻な状況にあったということである。冷戦下で核兵器は人類にとって「恐怖」そのものであった。その核兵器の危機が人類から遠のいたと同時に、いまや無人爆撃機や無人偵察機が開発されている。「欠乏」も深刻である。貧富の差は急速度にすすみ、かつては先進国と途上国の差が問題になったが、いまやそれに止まらず、先進国内の貧富の差は、途上国内での差を上回る程になっているという。新自由主義の帰結である。

われわれにとって世界最大の脅威は、いまや集団による紛争とテロ、そしてエボラ出血熱に象徴される感染症であり、かつての最大の脅威であった国家による戦争や国境対立の時代ではないのである。

戦争は、もはや紛争・テロ中心になり、その主な温床は、国を超えて——しかも長年にわたる——国際的格差から生ずる「貧困」であり「欠乏」であり、先進国による差別だ。その除去のために、あるいは被害者の救済のために、安全な社会の確立のために、単に紛争やテロを軍事力で圧殺しているだけでは——あるいは反対しているだけでは——なにも解決しない。つまり、これからの平和は人権擁護という自由権とともに生存権の確立が求められているのである。それは、どう生き残るか（how to survive）という問題なのである。

安全保障も同様である。軍事力を基本とする国家安全保障は、脅威をその瞬間では除去できても、平和を構築することはできない。あの二〇〇三年三月のイラク戦争で米軍はフセインを瞬時に殺害することはできたが、その後に多数の非戦闘員の市民を殺害し、ついには過激派組織「イスラム国」（ＩＳＩＳ）を生み出す温床となってしまった。いまや平和どころではない。

つまり、安全保障に関しても国家安全保障の時代は過ぎ去りつつあり、それに代わる人間安全保障や社会的安全保障（societal security）の時代へと移りつつあるのである（古関彰一『安全保障とは何か』岩波書店、二〇一三年）。脅威が変わりつつあるのである。さらに、単に戦争そのものも紛争・テロへと変わりつつあるが、それ以上に、われわれは、気候変動、エネルギー転換、人口爆発、食糧危機等々、人類初の変化が、あらたな脅威となりつつあるなかで生きている。戦争、安全保障、さらには国民国家。これら長年にわたって不動であった近代の座標軸が動き始めているのである。

平和憲法を今の段階で再考しようと考えたのは、少なくとも、冷戦構造はすでにとっくに終わっていたが、日本ではやっと終末に近づきつつあることに気付いたためであった。憲法七〇年をどうとらえるのか、すでにさまざまな見解があるが、冷戦以前につくられた平和憲法の現実を、平和憲法の制定過程を無視し続け、冷戦後の憲法問題からのみ、つまり、国家と国家の関係からのみ、平和憲法を見てきた弊害を考えたからである。それは「近代」のむこうを考えるためでもある。

あとがき

記念切手を取集する趣味があるわけではないが、こんな仕事をしていることもあって、一九九六年から九七年に「戦後五〇年メモリアルシリーズ」の切手が発売されたときに買い求める機会があった。

切手を収集するという、「郵趣」などという趣味がもはや影をひそめてしまったことは承知していたが、あらためてこのシリーズを買ったことがきっかけで驚きの発見をしてしまった。

それは「戦後五〇年」を記念して、一五種類のさまざまな切手が発売されていた。石原裕次郎、美空ひばり（各二種類）、東京五輪、沖縄復帰（各一種類）といった具合である。そんななかに「日本国憲法発布」と「サンフランシスコ条約締結」があったのだが、よく見るとこれだけは「ペア」とある。「憲法」一つだけでは売らなかったのだろう（第五章の扉を参照）。

しかも、「憲法発布」は、天皇の黒塗りの御料車が国会議事堂に向かう、なんとも暗い図柄である。ほかは明るいカラー印刷であるだけにその対比が目立った。さらによく見ると「発布」とある。「発布」とは明治憲法の用語だ。日本国憲法は昭和天皇の詔書も、憲法一〇〇条に規定する施行規程も、「発布」ではなく「公布」とある。

わが身を顧みて、こうしたことをなんら気にせず、わが友人の同時代人たちも同様の様子であったが、こんな半世紀を送ってきたのかと、なにか心に空洞ができたようで、お互いを見つめつつあきれかえって言葉もなかった。そこで気になって、憲法の記念切手を調べてみると、発行していたのは憲法施行の一九四七年だけで、後は何もしてきていないようだ。

政党の憲法への見解がどうであろうと、切手とは世界に開かれた日本国の顔ではないか。憲法という国を代表する顔を忘れて半世紀を過ごしてきてしまったのか。こんなことを続けてきて、「自主憲法」をつくっても、すでに失われた七〇年の年月を取り返せるわけでも、「国民国家」にふさわしい国民精神や国の顔が再興できるわけでもない。「はじめに」に著者の「反省の書」と書いただけに、切手を眺めながら、この国のあり様になんとも言葉を知らず、怒りを忘れて「わが祖国は何処《いずこ》へ」とつぶやいてしまった。

*　*　*

本書を書き終えて、以前書いた憲法制定過程の全体像を書き改めなければならないことを自覚した。その意味では実に学ぶところが多かった。歴史に「これでいい」ということがあろうはずはないが、いくらかでも自らが納得し、少なくともお世話になった友人・知人から、もちろん読者の方々にも喜んでいただける書物をつくりたいと念願している。

本書は、ちくま新書編集部の松本良次さんが担当して下さった。思いのほか早く上梓できたことは松本さんの手際よい編集のお蔭であった。また、「文明の利器」から遠く離れている著者を助けて、文献検索などに助力を惜しまなかった本庄未佳さんにも御礼申し上げます。

二〇一五年二月

古関　彰一

ちくま新書
1122

平和《へいわ》憲法《けんぽう》の深層《しんそう》

二〇一五年四月一〇日　第一刷発行

著　　者　古関彰一（こせき・しょういち）

発行者　熊沢敏之

発行所　株式会社　筑摩書房
東京都台東区蔵前二-五-三　郵便番号一一一-八七五五
振替〇〇一六〇-八-四一二三

装幀者　間村俊一

印刷・製本　三松堂印刷　株式会社

乱丁・落丁本の場合は、左記宛にご送付下さい。
送料小社負担でお取り替えいたします。
ご注文・お問い合わせも左記へお願いいたします。
〒三三一-八五〇七　さいたま市北区櫛引町二-六〇四
筑摩書房サービスセンター　電話〇四八-六五一-〇〇五三

ISBN978-4-480-06827-9 C0232

ちくま新書

1050
知の格闘
――掟破りの政治学講義
御厨貴

政治学が退屈だなんて誰が言った？　行動派研究者の東京大学最終講義を実況中継。言いたい放題のおしゃべりにゲストが応戦。学問が断然面白くなる異色の入門書。

1055
官邸危機
――内閣官房参与として見た民主党政権
松本健一

尖閣事件、原発事故。そのとき露呈した日本の統治システムの危機とは？　自ら推進した東アジア外交への反省も含め、民主党政権中枢を内部から見た知識人の証言。

1071
日本の雇用と中高年
濱口桂一郎

激変する雇用環境。労働問題の責任ある唯一の答えは「長く生き、長く働く」しかない。けれど、年齢が足枷になって再就職できない中高年。あるべき制度設計とは。

1075
慰安婦問題
熊谷奈緒子

従軍慰安婦は、なぜいま問題なのか。背景にある戦後補償問題、アジア女性基金などの経緯を解説。特定の立場によらない、バランスのとれた多面的理解を試みる。

1086
汚染水との闘い
――福島第一原発・危機の深層
空本誠喜

抜本的対策が先送りされ、深刻化してしまった福島第一原発の汚染水問題。事故当初からの経緯と対応策・進捗状況について整理し、今後の課題に向けて提言する。

1107
死刑肯定論
森炎

元裁判官が、死刑廃止論の大きな錯誤を暴き、その究極的な論拠を探る。従来あるすべての議論と主張を俎上に載せ整理、あらたな視点から本質をえぐりだす。

1111
平和のための戦争論
――集団的自衛権は何をもたらすのか？
植木千可子

「戦争をするか、否か」を決めるのは、私たちの責任になる。集団的自衛権の容認によって、日本と世界はどう変わるのか？　現実的な視点から徹底的に考えぬく。